다양하다는
것

다양하다는 것

2012년 11월 10일 초판 1쇄 찍음
2012년 11월 20일 초판 1쇄 펴냄

글 | 홍승희
그림 | 오인아
기획 | 길도형
펴낸이 | 길도형
디자인 | 여현미
영업 | 길종형
인쇄 | 영프린팅
제본 | 진성바인텍
출판등록 | 제406-2007-000061호
주소 | 경기도 파주시 문발동 617-12 1층
전화 | 031-957-1342
팩스 | 031-957-1343
E-mail | jhanulso@hanmail.net

Copyright © 장수하늘소, 2012

ISBN 978-89-94627-25-0 74330
     978-89-962802-7-9 (세트)

책값은 뒤표지에 있습니다.
파손된 책은 구입한 서점에서 바꾸어 드립니다.
이 책의 무단 복제 및 전재를 금합니다.

초등학생이 꼭 만나야 할 민주사회 이야기

다양하다는 것

우리 엄마의 고향은 필리핀

글·홍승희 | 그림·오인아

장수하늘소

머리말

다양한 사람들이 똑같이 존중받아야 민주사회!

우리가 사는 세상에는 다양한 사람들이 모여 살아가고 있습니다. 그 사람들은 겉모습이나 성격, 종교 등은 제각각일지라도 모두 똑같이 존중받으면서 살아갈 권리가 있습니다.

모든 사람들이 어떤 이유에서든 차별받지 않고 평등하게 자유와 행복을 누리는 사회가 바로 민주주의 사회입니다. 이러한 민주주의 사회를 이룩하기 위한 첫 번째 조건은 '나와 다른 존재들에 대한 인정'입니다. 즉 나와 다른 핏줄을 가진 사람들, 나와 다른 생각을 가진 사람들, 나와 다른 취향과 문화를 가진 사람들을 인정하는 것이 모든 인간의 존엄성을 동등하게 보장하는 민주주의 사회의 원칙을 잘 따르는 일이 됩니다.

그런데 과연 우리는 실제 행동에서도 '서로 다름'을 인정하고 있을까요? 나부터 먼저 생각해 봅시다. 나는 나와 생각이나 겉모습이 다른 친구들을 그 모습 그대로 인정하고 동등하게 대해 주고 있나요? 너무 착해서, 뚱뚱해서, 피부색이 달라서, 이상한 행동을 해서, 말을 잘 못해서 친구들을 따돌리고 있지는 않나요?

다른 생각과 문화를 인정하지 않는 태도는 개인과 사회를 더 이상 발전하지 못하게 합니다. 오히려 이미 만들어 놓은 울타리 안에 계속 머물러 있게 만듭니다. 이런 상태가 계속된다면 사회 전체가 발전하지 못할 뿐만 아니라, 잘못된 생각에 빠져 오히려 퇴보하는 결과를 가져올 수도 있습니다.

역사상 강성했던 제국들을 살펴볼 때, 그 제국들이 발전을 이루었던 이유는 다양한 민족들을 한 나라의 국민으로 받아들이고, 그들의 다른 문화를 바탕으로 새로운 문화를 만들어 냈기 때문입니다. 이러한 노력을 멈추고 오직 자기 것만이 옳다고 믿기 시작할 때, 찬란했던 제국은 멸망의 길을 걷게 되었습니다.

이 책에는 어린이들이 다양한 사람과 문화가 뒤섞인 사회 속에서 더욱 새롭고 발전하는 대한민국의 한 사람이 되기를 바라는 마음을 담았습니다. 내가 존중받고 행복하기 위해서는 남도 나와 다름을 인정하고 존중할 줄 알아야 합니다. 서로 인정하고 존중하는 가운데 나도 행복하고 남도 행복한 멋진 사회가 만들어지니까요.

2012년 11월 홍승희

차례

머리말 4

1. 우리와 다른 문화도 존중해야 해요 ○ 8
   이슬람교도 할아버지
   우리에게 낯선 종교를 어떻게 바라봐야 할까요?
   나와 다름을 인정하는 사회가 훌륭한 사회!

2. 문화가 다르다고 무조건 인정할 수 없어요 ○ 16
   고리를 낀 여인들
   다른 문화라고 해서 무조건 다양성을 인정해야 할까요?
   잘못된 문화는 어떻게 고쳐야 할까요?

3. 피부색이 다르다고 차별하면 안 돼요 ○ 24
   우리 엄마의 고향은 필리핀
   외국인 거주자들이 늘고 있어요
   우리와 다른 친구들의 손을 잡는 것이 용기!

4. 똑같은 생각이 모두 옳은 것은 아니에요 ○ 32
   예루살렘 법정에 선 아이히만
   진실처럼 보이는 거짓말이 있어요
   민주사회는 왜 '표현의 자유'를 보장해야 할까요?

5. 다양한 의견을 하나로 이끌어 내요 ○ 40
   만장일치만이 살길이오!
   옛날 사람들은 의견이 다를 때 어떻게 했을까요?
   토론을 통해 합의를 이끌어 내요

6. 다양한 정당이 필요해요 ○ 48
   골프장은 이제 그만!
   국민의 의견을 대변하는 정당이 해야 할 일
   환경 문제를 고민하는 녹색당

7. 역사는 보는 눈에 따라 다르게 보여요 ○ 56
   ### 콜럼버스의 신대륙 침략
   서양의 역사가 세계 역사의 전부는 아니에요
   세계를 보는 시각은 공평해야 해요

8. 대기업도 중소기업도 동네 가게도 필요해요 ○ 64
   ### 억만금 씨의 욕심
   우리나라 기업의 10개 중 9.9개가 중소기업
   나라의 경제를 좌우하는 중소기업

9. 다양한 생물 종을 보존해야 해요 ○ 72
   ### 단 하나 살아남은 감자밭
   자연을 지키는 일은 인간의 의무
   우리 밀 살리기 운동을 하는 이유는 무엇일까요?

10. 다양한 이론이 경쟁해야 발전할 수 있어요 ○ 80
    ### 늙은 과학자가 쓴 불온한 서적
    과학은 끊임없이 진보하고 있어요
    내 이론만 옳다고 고집하면 안 돼요

11. 다양한 생각을 이끌어 내는 교육이 필요해요 ○ 88
    ### 법정에 선 심청
    여러 시각에서 바라보는 열린 교육이 필요해요
    우리나라 교육에도 변화의 바람이 불고 있어요

12. 정상과 비정상을 가리는 잣대는 공정해야 해요 ○ 96
    ### 누가 수상한 사람인가?
    정상과 비정상은 구분 지을 수 없어요
    우리는 왜 정상과 비정상을 나누면서 살아갈까요?

1 우리와 다른 문화도 존중해야 해요

이슬람교도 할아버지

철수네 동네에는 다른 곳에는 없는 특이한 건물이 하나 있어요. 바로 이슬람 사원이에요. 이슬람교를 믿는 사람들이 모여서 기도하는 곳이지요. 이슬람교는 우리나라 사람 중에도 믿는 사람들이 있지만, 주로 중동 국가 사람들이 많이 믿고 있어요.

그래서인지 철수네 동네에는 다른 곳에서는 보기 힘든 중동 사람들이 자주 지나다니고, 얼마 전부터는 아예 동네로 이사 오는 사람들까지 생겨나기 시작했어요.

"어허, 이거 큰일인데요. 낯선 사람들과 외국인들이 많이 왔다 갔다 해서 동네가 시끄러워질까 봐 걱정입니다."

동네 어른들은 이슬람교도들을 보면서 걱정과 두려움이 섞인

눈빛을 보냈어요.

"철수야, 혹시 저 사람들이 말을 걸더라도 대꾸하지 말고 그냥 지나가라. 알았지?"

엄마가 철수에게 단단히 일렀어요.

"네, 알겠어요. 하지만, 왜 그래야 해요?"

철수는 어른들이 무엇을 걱정하는지 궁금했어요.

원래 철수의 동네는 외국인을 흔히 볼 수 있는 곳이었어요. 그래서 그동안 외국인에 대한 거부감은 전혀 없었는데 이슬람교도들에 대해서는 이상하리만큼 동네 사람들이 냉정했어요.

아이들도 몇몇이 모이기만 하면 수군거렸어요.

"이슬람교도들은 돼지고기도 안 먹는대."

"그 사람들 옷차림 봤어? 남자들은 동그란 작은 모자를 쓰고, 여자들은 머리카락이 안 보이게 천으로 가리고 다녀."

또 어떤 아이는 중요한 비밀인 것처럼 이런 말을 하기도 했어요.

"우리 엄마가 그러는데, 저 사람들이 비행기를 납치해서 미국에 있는 커다란 빌딩을 폭파시켰대."

아이들의 머릿속에는 이슬람교도들은 아주 나쁘고 무서운 사람들이라는 생각이 콕콕 박히게 되었어요.

그러던 어느 날, 철수는 무거운 짐을 들고 골목길을 올라가고

있는 할아버지를 보았어요. 철수는 할아버지를 도와드리려고 가까이 다가갔지만, 순간 머뭇거렸어요. 이슬람교도 할아버지였던 거예요.

'어떡하지? 도와드릴까 말까……'

철수가 우물쭈물하는 사이, 할아버지는 거칠게 숨을 내쉬었어요.

"할아버지, 그 짐 주세요. 제가 댁까지 가져다드릴게요."

할아버지는 처음에는 영문을 몰라 어리둥절한 표정을 지으셨지만, 짐을 들고 앞장서는 철수를 보고는 길을 안내해 주셨어요.

집 앞까지 오자, 할아버지는 철수의 손을 잡아끌며 안으로 들어가자고 손짓을 하셨어요. 철수는 조금 두렵기도 했지만, 집 안에 자기 또래의 아이가 있는 것을 보고는 용기를 냈어요.

철수는 처음 먹어 보는 음식들을 맛보기도 하고, 신기한 물건들을 구경하면서 시간 가는 줄도 몰랐어요.

"어? 한국 아이가 있네."

갑자기 우리말이 들리자, 철수는 고개를 돌렸어요. 그곳에는 이슬람교도의 복장을 한 남자가 서 있었어요.

"아저씨, 우리나라 사람이에요?"

"그럼. 옷차림이 이래서 다른 나라 사람 같니?"

아저씨는 빙그레 웃으면서 철수 옆에 앉았어요.

"한국 사람이 이슬람교를 믿으니까 이상하니? 너도 이슬람교가 이상한 종교라고 생각해?"

철수는 말은 못하고 다만 가볍게 고개만 끄덕였어요.

"우리나라 사람들은 이슬람교도들에 대해 잘못된 생각을 많이 갖고 있단다. 이슬람교도들이 굉장히 폭력적이라고 말이야. 하지만 이 사람들만 봐도 그렇지 않다는 것을 알 수 있지 않니?"

"정말 그런 거 같아요. 저한테 무척 친절히 잘해 주셨어요."

철수는 할아버지와 눈을 마주치며 싱긋 웃었어요.

"이슬람 문화에는 손님을 잘 대접하는 풍습이 있단다. 그리고 이슬람교도들도 폭탄 테러를 하는 사람들을 자기 동족으로 인정하지 않아. 그런 행동은 아주 잘못된 생각을 가진 극소수의 사람들이 저지른 일일 뿐이야."

아저씨는 이슬람교에 대해 차근차근 설명해 주었어요.

철수는 이야기를 들으면서 부끄러움을 느꼈어요. 잘 알지도 못하면서 잘못된 생각을 가지는 것이야말로 정말 나쁘다는 것을 알게 되었어요.

우리에게 낯선 종교를 어떻게 바라봐야 할까요?

우리는 지금 세계화 시대에 살고 있어요. 모든 세계가 하나의 마을과 같다고 해서 '지구촌'이라고도 불리는 시대이지요. 그런데 아직까지 우리의 생각은 세계화의 움직임을 따라가지 못하는 것 같아요. 우리와 조금 다른 문화를 가진 사람들을 편견을 갖고 바라보는 경우가 많이 있기 때문이에요. 특히 동남아시아나 남아메리카, 아랍 지역에 살고 있는 사람들에 대해서 잘못된 생각을 많이 갖고 있어요. 그중에서도 이슬람교에 대해서는 잘못된 생각을 진실인 것처럼 믿는 경우가 있습니다. '이슬람교는 다른 종교를 인정하지 않는다.', '이슬람교도들은 미국이나 유럽에서 폭탄 테러를 하는 무서운 사람들이다.', '이슬람교도들은 종교를 위해서 목숨을 버리는 사람들이다.' 등의 생각 말입니다.

이것은 사실이 아닙니다. 모든 종교가 그렇듯이 이슬람교도 평화의 종교입니다. 평화를 사랑하고, 사람을 존중하는 태도를 가지고 있지요. 잘못된 소문과 정보를 좇으려 하지 말고 종교의 다양성, 문화의 다양성, 인간 삶의 다양성을 인정하는 생활 태도를 갖도록 노력해야 합니다.

나와 다름을 인정하는 사회가 훌륭한 사회!

우리가 흔히 잘못 쓰는 말 중의 하나가 '다르다'와 '틀리다'입니다. '저 사람은 나와 생각이 다르다.' 대신에 '저 사람은 나와 생각이 틀리다.'라는 말을 쓰는 경우가 많습니다. 이런 일상적인 낱말의 사용을 보더라도 우리나라 사람들의 문제점을 알 수 있습니다. 즉, '다른 것'을 '틀린 것'이라고 여기면서 '다양성'을 인정하지 않으려는 태도를 갖는 것입니다.

'틀리다'는 말은 '옳지 않다'는 의미입니다. 우리의 생각과 '다른 것'을 '틀린 것', 즉 '옳지 않은 것'으로 생각하는 것은 잘못입니다. 서로의 문화가 다름을 인정하고 그것들이 사이좋게 함께 지낼 수 있는 사회가 좋은 사회입니다. 이제부터라도 여러분은 '내가 아닌 다른' 사람들을 인정해 주는 마음을 키워 나가야 합니다.

2 문화가 다르다고 무조건 인정할 수 없어요

고리를 낀 여인들

타일랜드 북부에 위치한 한 인권 센터에서 일하는 너이 씨는 요즘 카렌족 여성들 문제로 정부 관계자를 만나고 있습니다.

"도대체 언제까지 카렌족 여자들이 동물원의 원숭이처럼 관광객을 위해 사진 모델이 되는 것을 보고만 있을 건가요?"

너이 씨는 담당 공무원에게 따져 물었어요.

"아, 글쎄 그건 우리로서도 어쩔 수 없는 문제입니다. 여자들이 목에 고리를 끼는 것은 그들의 오래된 전통문화예요. 그걸 우리가 어떻게 막습니까?"

담당 공무원이 오히려 너이 씨에게 짜증을 냈어요.

"아무리 카렌족의 문화라고 해도 여자들의 건강과 생명을 위협하는 풍습을 그대로 방치하는 것은 잘못된 거죠. 정부에서는 카렌족 여자들의 긴 목이 없어지면 관광 수입이 줄어들까 봐 그냥 놔두는 거 아닌가요?"

너이 씨의 말이 끝나기가 무섭게 담당 공무원은 벌컥 화를 냈어요.

"우리가 그깟 관광객 몇 명 더 유치하자고 그러겠어요? 목에 고리를 끼지 못하게 하면 자기네 문화를 탄압한다고 항의하잖아요. 여자들 스스로 선택해서 하는 일이라는데, 무슨 근거로 못하게 하느냐고요!"

이런저런 핑계를 대는 공무원 때문에 너이 씨는 원하는 결과를 얻지 못하고 있습니다.

너이 씨가 타일랜드 북서부에 사는 소수 민족인 카렌족 여인들에게 관심을 갖게 된 것은 우연한 계기였어요.

친구들과 여행을 왔던 그녀는 관광 일정 중의 하나로 카렌족 마을을 둘러보게 되었어요. 그때까지만 해도 너이 씨는 사진으로만 보던, 이상한 풍습을 가진 부족을 실제로 보게 되었다는 생각에 마음이 설레었지요.

그런데 카렌족 마을에서 스무 개가 넘는 고리를 목에 끼고 있는 여인들을 직접 본 순간, 너이 씨는 할 말을 잃고 말았어요. 사진으로 볼 때는 몰랐지만, 실제로 보니 여인들의 목은 금방 부러질 것처럼 가늘고 길었어요.

 게다가 외국의 관광객들이 이런 여인들의 모습을 재미있어하면서 너도나도 사진을 찍고 있는 것에 너무나 화가 났어요.

 여행을 다녀온 후, 너이 씨는 한동안 카렌족 여인들의 충격적

인 모습을 잊을 수가 없었어요. 너이 씨는 소수 민족의 인권을 위해 애쓰던 사람으로부터 이런 말을 들었어요.

"타일랜드 정부가 카렌족 여인들에 대해 아무런 간섭을 하지 않는 이유는 바로 관광 수입 때문이에요. 카렌족 마을은 외국인들이 즐겨 찾는 최고의 관광 상품입니다."

너이 씨는 뜻을 같이하는 사람들과 함께 타일랜드 정부에 잘못된 문화를 없애 줄 것을 요구했어요. 하지만, 대답은 늘 그 공무원의 말과 똑같았어요.

너이 씨는 정말 카렌족 여인들이 스스로 자신의 목에 고리를 끼는 것을 선택하는지 궁금했어요. 그래서 카렌족 여인들을 만나 직접 이야기를 들었어요.

"우리는 다섯 살 때 처음 고리를 껴요. 그후 2년이 지나면 계속 고리를 낄 것인지 아닌지를 선택하게 되지요."

"그러면 당신은 왜 고리를 계속 끼겠다고 했나요?"

"어릴 때에는 머리를 장식하고 목에 번쩍거리는 금붙이를 두른 것이 멋있어 보여서요."

카렌족 여인은 아무렇지도 않게 대답했어요.

"고리가 불편하지는 않나요?"

"처음에는 약간 불편했는데 지금은 익숙해져서 괜찮아요. 그리고 우리는 목이 길수록 미인으로 인정받아요. 목이 길지 않으면 어떤 남자도 저에게 관심을 갖지 않아요."

너이 씨는 무서운 생각이 들었어요.

'이들은 고리가 없는 사람들의 자유로움을 경험해 보지 못했으니 무엇이 잘못된 것인지 모르고 있는 거야.'

너이 씨는 부족 여인에게 마지막 질문을 했어요.

"그렇다면 카렌족 여인들은 죽을 때까지 고리를 벗지 못하나요?"

"아뇨. 만일 여인이 잘못을 했을 때, 남편이나 집안의 남자가 며칠 동안 여자의 목에 있는 고리를 벗기는 경우가 있어요."

"아니, 그러면 목을 제대로 세우지도 못할 텐데요."

너이 씨는 카렌족 여인들이 처한 현실에 더 이상 말을 잇지 못했어요. 목의 받침대 역할을 하는 고리를 빼 버린다면 아마도 이 여인들은 엄청난 고통을 받을 것이고, 심할 경우에는 죽을 수도 있기 때문이에요.

한 문화가 그 사회에서 유지되려면 남녀 모두에게 평등해야 하고 도덕적이어야 합니다. 그런데 카렌족의 그 고리는 여자만 착용하고 그것이 징벌의 수단이 된다면, 문화의 다양성이라는 이름 아래 받아들여질 수 없는 것입니다.

다른 문화라고 해서 무조건 다양성을 인정해야 할까요?

세상에는 수많은 문화가 있습니다. 우리나라의 문화도 따지고 보면 그런 다양한 문화 중의 하나일 뿐이지요. 만일 어느 외국인이 김치에 대해 "한국 사람들은 음식을 썩혀 먹어요. 정말 이상해요."라고 말한다면, 우리는 기분이 몹시 나쁠 것입니다. 마찬가지로 우리도 다른 문화를 가진 사람들의 생활방식을 인정해 주어야 합니다.

그렇다면 독특한 문화라고 해서 사람을 먹는 식인 문화도 인정해 주어야 할까요?

지역이나 민족마다 독특한 문화를 지니게 되기까지 사람들은 나름의 노력을 기울여 왔을 것이고, 그 문화에 순응하며 살아왔을 것입니다. 그들의 독특한 문화를 부정하는 것은 그들의 삶의 방식을 부정하는 것이기 때문에 민족 간에 혹은 지역 간에 큰 문제를 일으킬 수 있습니다.

하지만, 만일 어떤 문화가 사람의 자유나 생명 등을 해치는 것이라면 그 문화는 분명히 잘못된 것입니다. 문화가 아무리 특이하다 하더라도 사람으로서 기본적으로 지켜야 할 도덕이나 윤리에 어긋나는 문화는 고치려고 노력해야 합니다.

잘못된 문화는 어떻게 고쳐야 할까요?

만일 카렌족 여인들의 경우처럼 잘못된 문화 때문에 고통받고 있다면 어떤 방법을 선택해야 할까요? "너희 문화는 잘못되었으니까 고쳐라."라고 일방적으로 명령을 하면 될까요? 타일랜드 정부에서 카렌족 여인들에게 목에 고리를 끼는 일을 금지시키면 될까요? 이런 경우에는 또 다른 문제가 일어날 수 있어요. 바로 그들의 전통문화를 억압할 수 있다는 점이지요.

이때 가장 좋은 방법은 카렌족 여인들에게 그들과는 다른 문화를 보여 주면서 목에 고리를 끼는 것이 얼마나 좋지 않은지를 깨닫게 해 주어야 합니다. 물론 시간도 오래 걸리고 성공하지 못할 수도 있겠지요. 그렇지만 다른 문화와의 교류를 통해서 스스로 변화할 수 있는 기회를 주는 것이 가장 좋은 방법일 것입니다.

3 피부색이 다르다고 차별하면 안 돼요

우리 엄마의 고향은 필리핀

영수는 오늘도 힘없이 혼자서 학교로 가고 있습니다. 다른 아이들은 친구들과 어울려 재잘대며 다니지만, 영수는 같이 가자고 말해 주는 친구가 없기 때문이에요.

막 초등학교에 들어간 영수는 다른 아이들과는 확 눈에 띄는 외모를 가졌어요. 그리고 친구들보다 우리말도 서툴렀지요. 그 이유는 바로 영수의 엄마가 우리나라 사람이 아니기 때문이에요.

"야, 우리말도 못하는 필리핀 녀석아. 우리 학교에는 왜 왔어? 너네 나라로 가."

보통 때처럼 한 아이가 영수에게 시비를 걸자, 다른 아이들이 '와' 하면서 웃음을 터뜨렸어요.

"너네 나라는 바나나밖에 안 먹는다면서?"

"쟤네 엄마는 우리말도 잘 못해. 피부색도 이상하고 말이야."

영수는 참을 수가 없었어요. 자기의 피부색이 다르다거나 말이 서투르다고 놀리는 건 아무렇지 않게 넘어갈 수 있었어요. 하지만, 아이들이 엄마를 놀리는 건 참을 수가 없었어요.

결국 오늘도 영수는 친구들과 싸움을 했고, 담임선생님에게 불려 갔어요.

"또 너냐? 어째 하루도 싸우지 않는 날이 없어?"

오늘도 교무실에서 벌을 받고 있는 영수를 보면서 선생님들은 혀를 찼어요.

결국 담임선생님은 영수의 엄마를 학교로 불렀어요.

"정말 죄송합니다. 다시는 이런 일이 생기지 않게 잘 타이르겠습니다."

엄마는 선생님에게 연신 고개를 숙였어요.

"어머니, 영주가 학교에서 계속 싸움을 하면 저희도 정말 곤란합니다. 다른 아이들의 어머니들도 항의가 대단합니다. 영수 좀 잘 돌봐 주세요."

엄마는 다시 한 번 선생님에게 죄송하다는 인사를 하고 영수와 함께 교무실을 나왔어요.

집으로 가는 길에 영수는 엄마의 축 처진 어깨를 보았어요. 그러자 괜히 짜증이 나서 소리를 질렀어요.

"엄마, 왜 나는 다른 애들하고 피부색도 다르고 생김새도 달라요?"

엄마는 아무 말도 없이 묵묵히 발걸음만 옮겼어요.

"말 좀 해 보세요. 왜 나는 다른 애들과 다르냐고요?"

엄마는 갑자기 발걸음을 멈췄어요. 그러고는 영수를 빤히 쳐다보다가 와락 끌어안았어요.

"아이, 왜 그래요? 남들이 보면 창피하잖아요."

영수는 엄마의 품에서 벗어나려 했어요. 그때 영수의 귀에 엄마의 울음소리가 들려왔어요.

"엄마가 미안하다. 미안하다……."
엄마는 영수를 부둥켜안고 계속해서 미안하다는 말만 되뇌었어요.

어느 날, 영수의 집에 한 아저씨가 찾아왔어요.
"네가 영수구나. 학교에서 친구들과 잘 지내지 못한다지? 아저씨가 너한테 친구들을 소개시켜 주고 싶은데, 괜찮지?"
아저씨를 따라 영수와 엄마는 시청에 있는 한 건물로 들어갔어요. 그곳에는 영수와 비슷한 생김새를 가진 친구들이 여러 명 와 있었어요.
"자, 여기 있는 친구들은 모두 영수처럼 엄마가 외국인이란다. 이곳에서 친구들과 함께 우리말도 배우고, 엄마 나라의 말과 문화도 배울 거야."
자신과 비슷한 처지의 친구들과

지내게 되면서 영수는 웃음을 조금씩 찾아가기 시작했어요.

서투르던 우리말도 잘하게 되었고, 무엇보다 엄마 나라의 문화에 대해 배우게 되면서 엄마를 이해하게 되었어요. 학교 아이들이 놀리는 것처럼 엄마가 살던 필리핀은 바나나만 먹는 나라가 아니었어요. 한국처럼 쌀로 밥을 지어 먹고, 한국과 비슷한 점도 아주 많았어요.

영수는 엄마가 낯선 한국 땅에서 살면서 얼마나 힘들고 외로웠을까 하는 생각도 하게 되었어요. 친구들에게 따돌림을 당한 자신을 돌아보며, 엄마는 더 심하게 차별을 받았을 것이라고 생각하니, 엄마에게 버릇없이 굴었던 일이 부끄러워졌어요.

"영수야, 이젠 친구들도 사귀고 표정이 밝아졌구나. 요즘도 학교에서 애들과 싸우니?"
아저씨의 질문에 영수는 고개를 저었어요.
"아뇨, 요즘은 애들이 놀려도 그냥 참거나 대꾸 안 해요. 그러니까 애들도 재미없는지 잘 놀리지 않아요. 그런데 아직까지 학교에서는 친구를 만들지 못했어요."
"왜? 그럼 네가 먼저 손을 내밀어 보지 그래?"
아저씨의 말에 영수는 어림도 없다는 듯이 피식 웃으면서 말했어요.
"저랑 놀면 그 애도 따돌림을 당한대요. 필리핀 녀석이랑 같이 노는 애가 되는 거죠. 왜 사람들은 자기와 조금이라도 다른 사람을 못살게 구는 걸까요?"
저만치 놀이터에서 놀고 있는 친구들을 바라보는 영수의 눈에 눈물이 맺혔어요.

외국인 거주자들이 늘고 있어요

요즘 우리나라에는 외국에서 이민 오는 사람들의 수가 빠른 속도로 늘어나고 있습니다. 특히 평균 수명이 늘어나면서 전체 인구 중 60대 이상의 노인층이 많아졌어요. 이와 반대로 새로 태어나는 아기들의 수는 세계에서도 낮은 나라에 속해요. 이런 이유로 앞으로는 일을 할 수 있는 젊은 이들의 수가 점점 줄어들 것이라고 해요. 이런 추세가 계속되면, 2050년 무렵에는 우리나라의 생산 인구가 급격히 줄어들고 노령 인구가 대폭 늘어나면서 경제에도 위기가 닥칠 수 있어요. 그리고 지금보다 더 많은 수의 외국인 노동자들이 우리나라로 들어오게 될지도 모릅니다.

지금도 우리나라에는 100만 명 이상의 외국인이 살고 있어요. 특히 한국 남성과 동남아 여성 간의 결혼이 늘어나고 있는데, 국제결혼의 증가로 외국인 부모를 둔 아이들의 수도 늘어가고 있지요. 그 바람에 우리는 학교에서 피부색과 생김새가 다른 아이들을 많이 볼 수 있게 되었어요.

우리와 다른 친구들의 손을 잡는 것이 용기!

　부모 중 한쪽이 외국인인 가정을 '다문화 가정'이라고 합니다. 여러 문화가 공존하는 가정이라는 뜻이지요. 다문화 가정 아이들의 대부분은 부모 중 어느 한쪽이 우리말에 서툴기 때문에 우리말을 충분히 배울 기회가 적어 초등학교를 다닐 때 문제가 생기게 됩니다. 어린아이들은 자신과 다른 사람들을 잘 인정하지 못할 수 있으므로 나와 다른 특징을 가진 다문화 가정의 아이들이 먼저 차별을 당하기 쉽습니다.

　'나와 다름'을 인정하지 못하는 사람은 세상에서 가장 비겁한 사람들입니다. 자기 것만 옳다고 생각하는 고집불통이기 때문이지요. 그런 사람들은 자기의 생각이 틀렸다는 것도 절대 인정하지 않아요. 마음이 넓은 사람이 되고 싶다면, 지금부터라도 차별당하는 친구에게 내가 먼저 손을 내밀어 꼭 잡아 주는 용기가 필요합니다.

4 똑같은 생각이 모두 옳은 것은 아니에요

예루살렘 법정에 선 아이히만

1961년 4월 11일, 이스라엘의 수도 예루살렘의 한 법정 안에 세계 각지에서 온 사람들이 꽉 들어차 있었어요. 바로 이날, 한 독일인에 대한 재판이 시작되었기 때문입니다.

그 독일인의 이름은 카를 아돌프 아이히만입니다. 그는 1960년 5월 11일, 아르헨티나의 부에노스아이레스에서 체포되었어요. 체포되기 전까지 아이히만은 무려 15년 정도를 숨어 다녔답니다.

그는 왜 사람들을 피해서 도망 다녔을까요? 아이히만은 제2차 세계대전 때 유럽에 있는 유대 인들을 죽음의 수용소로 보내던 책임자였어요. 아이히만은 직접 수십만 명의 유대 인을 가스실이 있는 죽음의 수용소로 보냈고, 유대 인들은 아무런 죄도 없이 죽어야 했지요.

전쟁이 끝난 후, 유대 인들은 이스라엘이라는 나라를 세우게 되고, 처벌을 받지 않고 도망간 독일인들을 찾아냈어요. 그중의 한 사람이 바로 아이히만이에요.

법정에 앉아 아이히만이 나오기를 기다리던 사람들은 이런저런 이야기를 나누었어요.

"도대체 어떻게 생긴 사람일까?"

"당연히 무섭고 인정이라고는 전혀 없는 얼굴을 하고 있겠지. 수십만 명의 유대 인을 죽였으니 얼마나 냉혹한 사람이겠어."

그러나 잠시 후 아이히만이 법정에 나타났을 때, 사람들은 너무나 놀라고 말았어요. 아이히만은 착한 이웃집 아저씨 같은 인상을 풍겼어요. 눈빛도 부드럽고 따뜻했어요.

이스라엘의 검사가 아이히만에게 물었어요.

"피고는 수십만 명의 유대 인을 죽음의 수용소로 보냈습니다. 인정합니까?"

"네, 인정합니다."

아이히만은 조용히 고개를 끄덕였어요.

검사는 계속해서 아이히만에게 말했어요.

"솔직히 피고를 처음 봤을 때 나는 무척 놀랐습니다. 끔찍한 범

죄를 저지른 당신의 얼굴이 악마의 모습일 거라고 생각했으니까요. 그렇다면 혹시 개인적으로 유대 인을 몹시 싫어했나요? 유대 인이 싫어서 그 많은 사람들을 죽인 건가요?"

"아닙니다. 나는 유대 인을 증오하지 않습니다. 오히려 그 반대입니다. 다른 민족에 비해 유대 인을 더 좋아하는 편입니다."

이 말을 듣고 방청석에 있던 사람들이 술렁였어요.

"나는 피고의 대답을 이해할 수 없습니다. 어떻게 좋아하는 사람들을 죽음의 수용소로 보낼 수 있단 말입니까?"

검사는 화를 억누르며 낮은 목소리로 물었어요.

"나는 다만 내 임무에 충실했을 뿐입니다. 만약 내가 맡은 그 자리에 다른 사람이 있었다면, 과연 유대 인들을 수용소로 보내지 않았을까요? 천만에요. 다른 사람이었더라도 똑같은

일을 했을 겁니다."

아이히만은 담담하게 말했어요.

법정에 있던 사람들의 얼굴에는 혼란스러운 기색이 뚜렷했어요. 그들에게 아이히만은 공포영화에 나오는 살인마여야 했어요. 그런데 아이히만은 너무나 평범하고, 유대 인을 증오하지도 않았어요. 그런 사람이 왜 엄청난 범죄를 저질렀을까요?

아이히만은 자신의 무죄를 주장했어요.

"사람들은 나를 유대 인을 학살한 악마라고 손가락질합니다. 그러나 나는 명령에 충실했을 뿐입니다. 당시 모든 독일인들은 유대 인들을 우리와 같은 인간으로 생각하지 않았습니다. 그들은 소나 돼지처럼 우리 마음대로 죽여도 되는 존재였습니다."

"당시 독일인들이 모두 그렇게 생각했다고 해서, 유대 인에 대한 당신의 범죄가 용서되는 것은 아닙니다."

검사의 반박에 아이히만은 조용히 눈을 감고 생각에 잠겼어요. 얼마 후, 그는 천천히 입을 열었어요.

"당시 독일 국민은 모두 유대 인을 탄압했습니다. 만일 내가 유죄라면, 독일에 있던 모든 사람들도 유죄입니다."

검사는 아이히만의 말을 이해할 수 없다는 표정을 지었어요.

"어떻게 모든 독일인들이 똑같은 생각을 할 수 있었지요? 정말 모든 사람들이 유대 인을 증오했나요?"

"네, 모든 독일인이 그러했습니다. 어떻게 그런 일이 가능했냐고요? 우리는 다른 생각을 들은 적이 없기 때문입니다. 우리는 모두 똑같은 말만 들었고, 똑같은 생각을 강요받았습니다. 다른 생각은 허용되지 않았죠. 당신이 나와 같은 처지였다면 과연 다르게 행동했을까요?"

검사는 아이히만의 질문에 대답을 하지 못했어요. 그 순간, 법정 안에 있던 다른 사람들의 가슴속에도 그 질문이 메아리가 되어 울려 퍼졌어요.

'과연 나라면 다른 행동을 할 수 있었을까?'

진실처럼 보이는 거짓말이 있어요

'임금님 귀는 당나귀 귀'라는 동화는 당나귀 귀를 가진 임금에 대한 진실을 말하지 못해 병이 난 이발사의 이야기입니다. 비밀을 말하지 말라는 임금의 명을 어길 수 없었던 이발사는 결국 병이 나게 되고, 아무도 없는 곳에서 임금의 귀에 대한 진실을 말하고 난 뒤 병이 낫게 됩니다.

이러한 일이 우리 사회에서도 일어날 수 있어요. 진실을 외면하고 '임금님 귀는 평범한 귀'라는 거짓을 계속 믿어야 하는 경우가 생겨요. 그러면 사람들은 자신도 모르게 잘못된 생각과 행동을 하게 된답니다.

아이히만의 경우도 이러한 문제점을 보여 줍니다. 당시 독일은 히틀러를 중심으로 한 나치스가 권력을 휘두를 때여서 아무도 히틀러에 반대하는 말을 할 수 없었어요. 만일 누군가 '유대 인도 우리와 같은 인간이고, 그들을 학살해서는 안 된다.'라고 주장했다면 그 사람도 역시 강제 수용소로 보내져서 죽음을 당했을 거예요. 그 당시 독일 국민들은 유대 인을 학살하는 행동을 잘못된 것이라고 생각하지 못했답니다.

민주사회는 왜 '표현의 자유'를 보장해야 할까요?

사람들의 생각은 모두 다릅니다. 그 중에는 옳지 않은 생각도 있겠지요. 하지만, 어떤 생각이 옳은지 알기 위해서는 먼저 모든 사람들의 생각을 듣고 판단해야 할 것입니다.

만일 누군가가 자신의 생각만 옳다고 주장하면서 다른 사람의 의견을 무시한다면 어떤 일이 벌어질까요? 인간이 사는 사회는 다양한 생각들이 서로 경쟁하면서 가장 좋은 의견을 만들어 내는 곳입니다. 그런데 하나의 의견만을 옳은 것이라고 한다면, 그 외의 생각을 가진 사람들은 모두 옳지 않다는 뜻이 되지요. 이런 사회는 민주사회라고 할 수 없습니다.

민주사회는 다양한 생각들을 마음껏 표현할 수 있는 자유를 가장 중요하게 생각합니다. 다른 사람의 생각과 말을 잘 듣지 않고 독자적으로 행동한다면, 그런 사람들은 민주사회의 시민이 될 자격이 없습니다.

5 다양한 의견을 하나로 이끌어 내요

만장일치만이 살길이오!

　신라 진덕여왕 때의 일이에요. 여섯 명의 신라 귀족이 경주의 남쪽 오지산에 있는 회의장에 모여 열띤 토론을 벌이고 있었어요.
　"이보시오, 상대등. 어떻게 우리 신라의 풍습을 모두 버리고 당나라의 것을 따르겠다는 약속을 한단 말이오. 난 도저히 이 결정에 대해 찬성하지 못하겠소."
　"임종 공의 의견도 맞지만, 지금 신라의 상황이 너무 심각하오. 당장 당나라와 군사 동맹을 맺지 못하면 백제와 고구려의 침략을 막아 내지 못할 것이오."
　회의는 찬성과 반대로 팽팽히 갈렸어요.
　'화백'이라고 부르는 이 회의 기구는 나라의 중대한 일을 의논하여 결정하는 기관이에요. 이날은 신라와 당나라 간에 군사 동맹을 맺는 일을 의논하고 있었지요.

그런데 문제는 신라가 당나라와 동맹을 맺으려면 신라의 전통 의복과 깃발 등을 모두 당나라의 것으로 바꾸어야 했어요.

"상대등의 말도 맞소. 하지만 우리 신라의 것을 당나라의 것으로 바꾼다는 것이 무엇을 의미하겠소? 바로 신라가 당나라의 속국이 된다는 게 아니오? 백제와 고구려가 무섭다고 우리가 당나라의 속국이 되어야겠소?"

임종이 힘을 주어 말했어요. 그 옆에 있던 염장도 고개를 가로저으며 반대의 뜻을 전했어요.

이날 화백 회의에서는 서로의 의견이 다르다는 것만 확인했을 뿐 아무런 결론을 내지 못했어요.

"그럼 회의 규칙에 따라 각자 방으로 들어가서 다시 한 번 생각해 봅시다."

상대등 알천은 회의를 중단하고 생각할 시간을 갖기로 했어요. 화백 회의에서는 오늘날처럼 투표를 해서 찬성이 많은 쪽의 의견을 따르는 것이 아니라, 모든 사람이 만장일치로 찬성해야 결정을 내리는 특이한 방식을 가지고 있었어요.

여섯 사람은 각자 방으로 들어가서 곰곰이 생각을 정리하기 시

작했어요.

'당나라의 풍습과 문물을 그대로 받아들이는 것이 신라를 당나라의 속국으로 만든다는 내 생각이 과연 옳은 것일까? 아니면 다른 사람들의 의견처럼 오히려 신라 문화를 발전시키는 좋은 결과를 가져오게 될까?'

'지금 우리의 정신만 굳건하다면, 당나라 문화가 들어온들 무서울 게 뭐냐!'

한참의 시간이 흘렀어요. 여섯 명의 귀족은 다시 회의장에 모였어요.

"제가 다시 생각을 해 보니, 현실적으로 당나라와의 군사적 동맹은 필요한 것 같습니다."

"맞습니다. 백제 장군 의직이 신라의 성 열 개를 함락시켰을 때, 물론 우리 신라의 용맹한 장수들이 이들을 물리치긴 했지만, 상당한 피해를 봐야 했습니다. 그리고 최근까지도 고구려와 백제의 위협을 받고 있어서 우리 신라의 운명은 바람 앞의 등불과 같습니다."

여섯 명의 귀족은 모두 고개를 끄덕이며 군사 동맹의 필요성에 뜻을 같이했어요.

"그럼 군사 동맹의 대가로 당나라가 요구한 것에 대해서는 생각해 보셨는지요?"

상대등의 말에 다른 귀족들의 표정이 어두워졌어요.

"그게 아무리 생각해 봐도 당나라의 문물을 그대로 받아들이는 것은 좀 꺼림칙해서 말이오……."

호림이 불편한 표정을 짓자, 술종이 말했어요.

"하지만, 그것을 꼭 나쁘게 볼 필요는 없지요. 당나라의 훌륭한 문화를 받아들이면 신라의 문화도 발전하지 않겠소?"

또다시 오랜 토론이 이어졌어요. 진정으로 신라에게 필요한 것이 무엇인지, 혹시 자신의 판단이 자신의 이익만을 위한 생각에서 나온 것은 아닌지에 대해서 한참을 고민했어요.

마침내 유신이 가라앉은 목소리로 말을 꺼냈어요.

"그런데 우리가 당나라와 동맹을 맺었을 때 당나라 장수에게 신라의 군대를 지휘할 수 있는 권한까지 주는 것은 문제가 있는 것 같소."

"그럼 유신 공은 그 문제만 해결되면 당나라 문물을 받아들이는 것에 대해서는 찬성하는 것이오?"

상대등이 매우 반가운 기색을 띠며 물었어요.

"그렇소. 현실적으로 당나라의 요구 사항을 거절할 수는 없으니까 최선의 방책을 찾아보는 것이 좋겠소."

다른 사람들도 고개를 끄덕이며 찬성의 뜻을 표시했어요.
"그럼 신라군에 대한 지휘권은 우리가 갖겠다는 것을 당나라에 전하도록 하겠소. 문물을 받아들이는 것도 간단한 의복이나 깃발 정도만을 받아들이고, 다른 것들은 최대한 우리의 것을 지키도록 합시다."
"그것이 좋겠구려."
"나도 상대등의 의견에 동감이오."
여섯 명의 귀족은 모두 고개를 끄덕이며 만족한 표정을 지었답니다.

옛날 사람들은 의견이 다를 때 어떻게 했을까요?

신라는 여섯 개의 촌락으로 이루어진 '사로국'에서 발전한 나라입니다. 그래서 나라의 중요한 문제는 항상 여섯 부족의 우두머리들이 모두 찬성했을 때 실행될 수 있었지요. 왕의 선출도 여섯 부족 모두가 찬성하지 않으면 불가능했어요. 이것이 '화백 회의'의 시초가 되었어요.

백제에는 '정사암 회의'라는 기구가 있었어요. 부여의 호암사에는 정사암이라는 바위가 있었는데, 재상을 뽑을 때면 후보자 서너 명의 이름을 써서 상자에 넣고 봉하여 이 바위 위에 두었어요. 그리고 얼마 후 상자를 열어 이름 위에 도장이 찍힌 사람을 재상으로 임명했어요. 모든 후보자들이 토론을 해서 가장 훌륭하다고 생각된 사람을 재상으로 뽑은 거예요.

고구려에도 나라를 세운 초기부터 '제가 회의'라는 기구가 있었어요. 각 부족장들이 모여 왕을 뽑는 일을 의논하거나 외국과의 전쟁을 결정하기도 하고, 중요한 범죄자가 있을 때에도 모여 의논을 하였어요.

토론을 통해 합의를 이끌어 내요

　오늘날의 우리는 서로 의견이 다를 때 어떻게 하고 있나요? 민주주의 사회에서는 모든 사람이 평등하기 때문에 각자의 생각을 동등하게 존중해 주고 있어요. 어떤 일을 결정할 때에는 한 사람의 생각이 완벽할 수는 없기 때문에 다른 사람들의 의견을 들어 봐야 해요. 그래서 자신과 다른 의견에 대해 토론하면서 합의점을 만들어 나가는 일이 필요하지요.

　토론을 할 때에는 다른 사람의 생각을 무시하거나 하찮게 여기지 않아야 해요. 하지만, 결론을 낼 때에는 모든 사람이 다 만족하지 못할 수도 있어요. 민주사회에서는 '다수결의 원칙'에 따라 많은 사람이 찬성하는 쪽으로 결정되는 일이 흔하지요. 이때 다수의 의견에 밀려난 소수의 의견도 존중해 주는 자세가 필요하답니다.

6 다양한 정당이 필요해요

골프장은 이제 그만!

시골에 살고 있는 나청정 씨는 요즘 고민이 많습니다.

원래 나청정 씨네 가족은 도시에서 살았어요. 그런데 아이들의 피부병이 너무 심해서 근심하던 중, 한 친구가 지금 사는 곳을 추천해 주었어요. 맑은 강과 푸른 숲이 있고, 무엇보다 친환경 농업 단지가 조성되어 있어서 농사일을 배워 가며 살 수 있겠다는 자신도 생겼어요.

나청정 씨는 처음에는 모든 것이 낯설었지만 점차 시골 생활에 익숙해지고, 아이들의 피부병도 말끔히 나았어요.

그런데 어느 날부터 마을이 소란스러워지기 시작했어요. 고급 승용차를 탄 사람들이 계속 마을을 드나들더니, 마을 주변에 골프장이 생긴다는 소식이 들려왔어요.

"아빠, 학교에서 애들이 그러는데, 우리 마을에 골프장이 생긴대요. 우리, 이사 가야 하는 거예요?"

큰아이의 입에서 이런 말이 나올 때까지 나청정 씨는 그냥 뜬소문인 줄 알았어요. 그런데 정말 마을 주변 동산이 골프장 부지로 확정되었다는 소식이 들려왔어요.

며칠 뒤, 군수가 이 마을에 찾아왔어요. 골프장 건설에 대해 마을 주민들과 직접 이야기를 나누기 위해서예요.

"우리 군은 갈수록 인구가 줄고 있습니다. 그래서 골프장을 건설하고 고급 별장을 지어서 휴양지를 만들려고 합니다. 그러면 이 동네 땅값도 오르고, 마을 주민들도 골프장이나 주변 숙박 시설에 일자리를 얻을 수 있습니다."

군수가 확신에 차서 큰 소리로 말했어요. 마을 사람들은 불안한 기색을 감추지 못하고 웅성거렸어요.

그후 며칠 동안 군청 직원들이 마을 주민들을 한 명씩 만나 설득하기 시작했어요. 개발이 되면 농사짓던 땅을 모두 비싼 가격에 팔게 되어 마을 사람들은 모두 부자가 되고, 힘든 농사일 대신 골프장에서 편하게 일하면서 돈을 벌 수 있을 거라고 말했어요.

마을 주민들은 하나둘 군청 직원들의 말에 귀를 기울이게 되

었어요.

 마침내 골프장 공사가 시작되었어요. 나청정 씨와 마을 주민들은 공사장의 소음과 먼지를 참으면서 일 년을 넘게 보냈어요. 골프장이 완성되고 나면 싹 달라질 마을을 생각하면서요.

 그런데 마을 주민들은 점점 뭔가 잘못되고 있다는 것을 깨닫기 시작했어요. 마을을 둘러싸고 있던 울창한 숲은 사라지고, 마을 옆의 개울물은 더 이상 맑지 않았어요. 전에는 그냥 마시던 지하수도 이제는 함부로 먹지 못하게 되었고요.

 나청정 씨도 다른 곳으로 이사 가야 할지 심각한 고민에 빠졌어요. 왜냐하면 친환경 농업에 필요한 맑은 물과 비옥한 토지가 골프장에서 뿌리는 농약과 살충제로 인해 오염되고 있었기 때문이에요.

 마을을 떠나기 싫었던 나청정 씨는 어쩔 수 없이 농사를 포기하고 골프장에 취직하려고 했어요. 그런데 군청 직원들의 말과는 달리 마을 사람들은 골프장에 취직할 수도 없었어요. 찾아오는 손님이 없어서 골프장이 거의 문을 열지 않았기 때문이에요.

 참다 못한 주민들은 군청으로 가서 항의하기 시작했어요. 그러나 군청 직원의 대답은 황당하기만 했어요.

 "자, 자, 진정하시고, 제 말 좀 들어 보십시오. 지금 골프장이 우리 도에만 사십 개가 넘어서 경쟁이 치열합니다. 아직 알려지지 않아서 그런 거니 조금만 기다려 보세요."

군청 직원의 말에 주민들은 어이가 없었어요.

"무슨 골프장이 그렇게나 많아? 그런데 왜 또 우리 동네에 만든 거지?"

마을 주민들은 몇 달간 군수와의 면담을 요구하며 항의 집회를 했어요. 그러나 군청 직원들은 늘 똑같은 대답만 하고, 군수는 나타나지 않았어요.

"우리가 이렇게 항의하는데도 군청에서는 들은 척도 안 하다니, 도대체 군수는 누구를 위해 일하는 겁니까? 우리가 잘살 수 있도록 믿고 뽑아 준 군수는 지금 어디에서 무엇을 하고 있단 말입니까?"

마을 주민들은 아무도 자신들의 말을 들어주지 않는 현실이 너무 서러웠어요. 환경 운동을 하는 몇몇 단체의 회원들이 힘을 보태 주었지만, 그들도 힘이 없기는 마찬가지였어요.

오랜 세월 동안 가꾸어 온 아름다운 마을과 비옥했던 토지는 사라지고, 빈집이 한 채씩 늘어갔어요. 남아 있는 주민들은 대대로 살아오면서 화목하게 살았던 고향이 '개발'이라는 이름 아래 빠르게 파괴되어 가는 것을 지켜볼 뿐이었답니다.

국민의 의견을 대변하는 정당이 해야 할 일

　민주사회가 독재사회와 다른 점은 정부의 정책이 국민의 의견을 바탕으로 만들어진다는 점이에요. 그래서 민주사회에서는 정책을 만들고 집행하는 대표자를 국민의 투표를 통해 선출하는 것이랍니다.

　국민의 의견을 대표하는 사람들은 대부분 '정당'이라는 곳에 소속되어 있어요. 정당은 정치적 목표와 가치관이 비슷한 사람들이 모인 집단이에요. 가령 중산층의 이익과 관심사를 대변하는 정당, 노동자와 농민을 대변하는 정당, 자연보호를 위해 애쓰는 정당 등이 있을 수 있겠지요.

　그런데 만일 내가 관심을 갖고 있는 환경 문제를 대변해 줄 수 있는 힘 있는 정당이 없다면 어떻게 될까요? 환경 문제가 실제 정책에 반영되기가 어렵고, 관심조차 받지 못하게 될 거예요. 무분별한 자연 파괴, 갯벌을 없애는 간척 사업, 골프장 건설, 관광객 유치를 위한 산림 훼손 등은 현재 우리나라에서 많은 문제를 발생시키고 있답니다.

환경 문제를 고민하는 녹색당

환경 보호를 위해 애쓰는 정당이 처음 만들어진 곳은 독일입니다. 1980년 요쉬카 피셔가 독일에서 처음으로 '녹색당'을 만들었고, 1983년에는 전체 국민의 5퍼센트 이상의 지지를 받아 국회로 들어가게 되었지요. 피셔는 허름한 양복에 길거리에서 산 운동화를 신고 와서 국회의원 선언을 하는 등 당시 정치인들과는 다른 행동으로 독일 정치에 신선한 바람을 일으킵니다.

이후 많은 나라에서 녹색당 출신의 대표자가 나와서 환경 문제에 대해 좋은 정책을 만들고 있답니다. 녹색당은 환경 문제뿐만이 아니라, 농업 살리기, 방사능에 오염된 먹거리 문제와 원자력 발전소 폐기, 재생 에너지 개발, 동물의 권리 보호, 청소년 인권과 참여, 노동 시간 단축과 생활 임금 보장, 사회적 기업과 마을 만들기, 평화 운동 등 다양한 활동을 하고 있습니다.

7 역사는 보는 눈에 따라 다르게 보여요

콜럼버스의 신대륙 침략

1492년 8월 3일 산타마리아 호, 핀타 호, 니냐 호 3척은 120명의 승무원을 태우고 에스파냐의 파로스 항구를 떠났어요. 이 항해의 책임자는 탐험가인 콜럼버스였어요. 그는 누구도 가 보지 못했던 서쪽 항로를 통해 대서양을 건너 중국과 인도로 가는 새로운 길을 찾으려고 했어요. 그리고 그곳에는 수많은 보물이 기다리고 있을 것이라고 생각했어요.

항해를 시작한 지 몇 달이 지난 후, 그들은 오늘날의 서인도 제도(중앙 아메리카의 동쪽 바다에 활 모양으로 흩어져 있는 12,000여 개의 섬으로 이루어진 지역)에 도착했어요.

"와, 육지다. 드디어 인도에 도착했다."

오랜 항해에 지쳐 가던 선원들은 인도를 발견한 줄 알고 환호성을 지르며 서로를 얼싸 안았어요.

"선장님, 드디어 도착했습니다."

"저곳이 정말 인도나 중국인지는 확인해 봐야 알겠군. 일단 배를 정박하고 상륙하라."

콜럼버스의 명령이 떨어지자, 선원들은 보트에 나눠 타고 육지에 올랐어요.

"선장님, 이곳에 사는 원주민들을 발견했습니다. 그런데 책에서 보던 중국 사람이나 인도 사람과는 모습과 복장이 많이 다른데요?"

"원주민들이 어떤 모습이든 무슨 상관이야? 그런 건 중요하지 않아. 빨리 황금과 향신료가 어디에 있는지 찾아."

콜럼버스가 명령했어요. 선원들은 육지를 샅샅이 뒤졌어요. 그러나 그들은 처음 보는 신기한 동물들만 찾아냈어요.

콜럼버스는 크게 실망했어요. 사실 그는 항해를 시작하기 전에 에스파냐의 왕으로부터 약속받은 것이 있었어요. 보물을 발견하면 그중 10퍼센트를 가질 권리와 발견한 대륙을 지배하는 총독이 되는 약속이었지요.

콜럼버스는 금과 은을 찾기 위해 원주민들을 앞세워 섬들을 탐

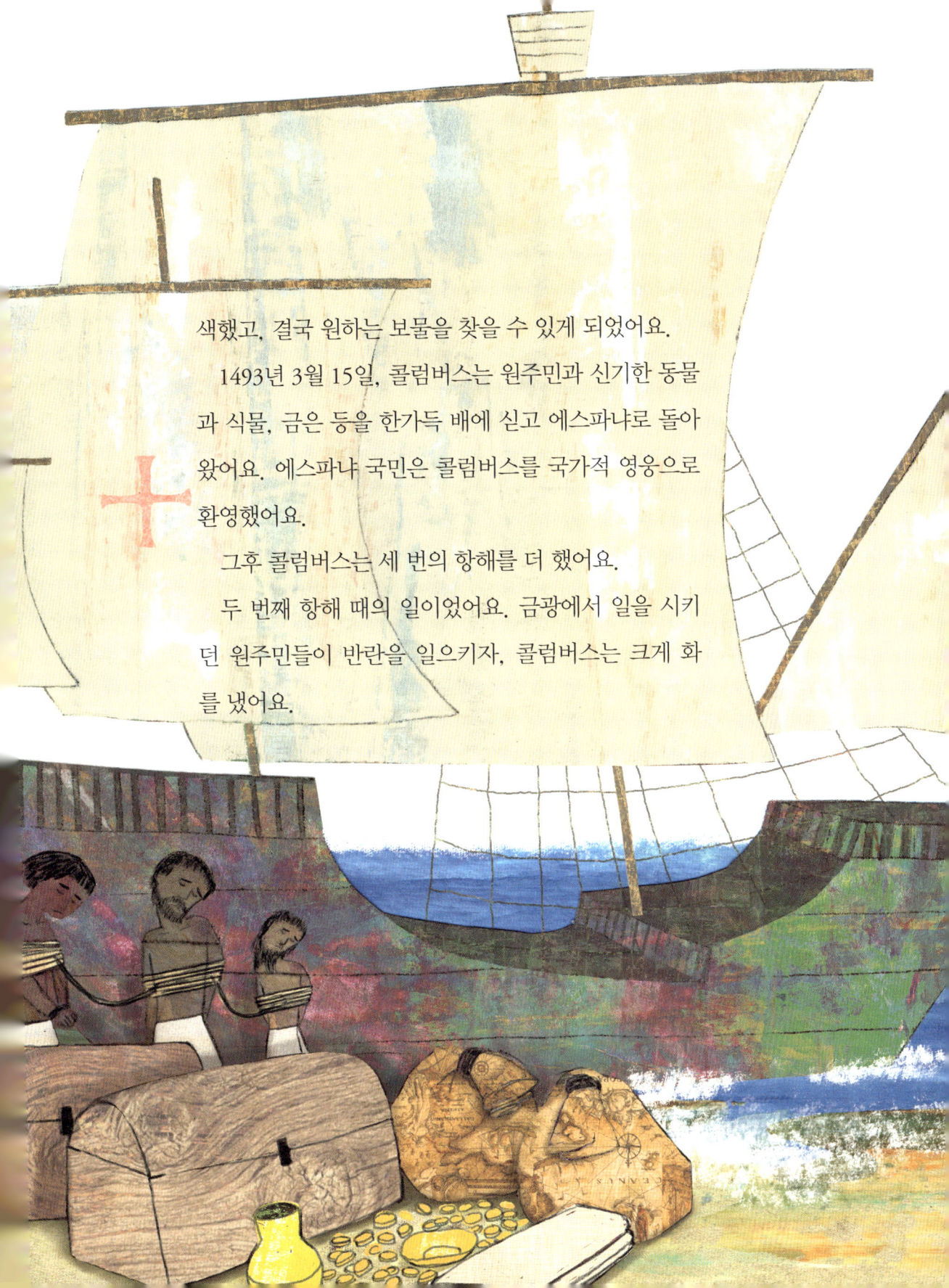

색했고, 결국 원하는 보물을 찾을 수 있게 되었어요.

1493년 3월 15일, 콜럼버스는 원주민과 신기한 동물과 식물, 금은 등을 한가득 배에 싣고 에스파냐로 돌아왔어요. 에스파냐 국민은 콜럼버스를 국가적 영웅으로 환영했어요.

그후 콜럼버스는 세 번의 항해를 더 했어요.

두 번째 항해 때의 일이었어요. 금광에서 일을 시키던 원주민들이 반란을 일으키자, 콜럼버스는 크게 화를 냈어요.

"감히 짐승 같은 원주민 주제에 내 말을 안 듣고 반란을 일으키다니. 모두 본국으로 데려가서 노예로 팔아 버리겠다. 그러면 황금을 못 캔 손해를 조금이라도 보충할 수 있을 거야."

콜럼버스는 일곱 척의 배에 노예로 쓸 원주민들을 가득 싣고 돌아왔어요. 원주민들은 유럽 각국으로 팔려 나갔고, 그들 중 일부는 신기한 구경거리로 서커스단에 팔리기도 했어요. 유럽인들은 미지의 대륙에서 온 신기하고 미개한 짐승들을 보기 위해서 기꺼이 돈을 지불했어요.

유럽에 끌려온 원주민들은 다시는 고향으로 돌아가지 못한 채 먼 타국에서 생을 마쳐야 했답니다.

콜럼버스가 신대륙을 발견했다는 소식이 퍼지자, 다른 유럽 국가들도 대규모 원정대를 출항시켰어요.

그들은 북아메리카와 남아메리카를 돌아다니며 황금과 값비싼 향신료를 찾기 위해 닥치는 대로 약탈을 자행했어요.

그들 중 일부는 남아메리카의 잉카 문명까지 파괴하고 말았어요.

이방인들에게 친절을 베푸는 원주민들을 속이고 그들을 학살하면서 유럽인들은 엄청난 양의 황금과 은을 가져갔어요. 그 속에서 원주민들은 강제 노동으로 죽거나 다치기도 하고, 노예로 살아야 했어요.

이러한 방식으로 엄청난 양의 물건들이 모두 유럽으로 건너왔고, 유럽의 귀족들은 역사상 그 어느 때보다도 사치스러운 생활을 즐길 수 있게 되었어요. 하지만, 유럽의 풍요로움 뒤에는 고통받는 식민지의 원주민들이 있었다는 사실을 생각하는 사람은 거의 없었답니다.

서양의 역사가 세계 역사의 전부는 아니에요

　중고등학교에 가면 학교에서 '세계사'라는 과목을 배웁니다. 그런데 이 세계사라는 과목은 이름과 맞지 않게 일부 나라의 역사만 강조하여 알려 주고 있습니다. 즉 미국이나 영국, 프랑스, 독일 등과 같은 선진국이나 유럽 나라들로 구성되어 있지요.

　우리가 다른 나라의 역사를 배우는 목적은 분명 그 나라의 입장에서 그 나라를 이해하기 위해서일 겁니다. 우리와 가까운 일본과 중국을 비롯한 아시아의 나라에 대해서도 알고 싶고, 못사는 나라로만 알려진 아프리카에 대해서도 더 알고 싶은 마음이 있습니다. 그런데 우리는 '세계사'라는 이름으로 왜 주로 '서양사'만 알아야 할까요? 이것은 세계사를 쓰는 학자들의 관점과도 연관되어 있습니다. 지금까지의 역사는 철저하게 서양인들의 관점에서 그리고 힘 있는 강국의 입장에서 쓰인 것입니다.

세계를 보는 시각은 공평해야 해요

　서양인들이 신대륙으로 몰려와서 그곳을 개척한 사실을 '유럽 사회의 확대'라고 보는 시각이 있습니다. 하지만, 원주민들의 입장에서 그들은 침략자이고 약탈자들입니다. 이러한 사실을 생각할 때, 콜럼버스와 같은 사람들을 '훌륭한 탐험가'로만 볼 수 있을까요?

　중세 시대의 십자군 전쟁도 마찬가지입니다. 유럽인들은 이슬람교도들에게 빼앗긴 예루살렘을 탈환하기 위해 전쟁을 일으켰습니다. 우리는 이 전쟁을 '성스러운 유럽의 기사들과 야만스러운 이슬람교도들 간의 전쟁'으로 알고 있지요. 정말 그럴까요? 이슬람교도들은 자신들의 영토를 침략한 유럽인들에게 그냥 예루살렘을 내주어야 했을까요?

　세상을 바라볼 때는 한쪽만의 입장이 아닌, 양쪽 모두의 입장을 생각하려는 태도가 필요합니다. 그렇게 세상을 바라볼 때, 좀 더 정확한 판단을 할 수 있고, 올바른 생각을 가질 수 있습니다.

8 대기업도 중소기업도 동네 가게도 필요해요

억만금 씨의 욕심

옛날 어느 도시에 부자 상인이 살고 있었어요. 그 상인의 이름은 억만금이었지요. 억만금 씨는 그 도시에서도 손꼽히는 부자였지만 결코 만족하는 법이 없었어요. 좋은 상품을 만들어 내는 상점들만 있으면 무슨 수를 써서라도 자기 것으로 만들어야 할 만큼 욕심이 많았지요.

그러던 어느 날, 장난감 상점의 지배인이 억만금 씨에게 말했어요.

"사장님, 저희 상점의 장난감이 예전만큼 잘 팔리지 않아 수입이 많이 줄었습니다."

"뭐라고? 우리 장난감은 이곳에서 제일 인기가 많은데, 그게 무슨 말인가?"

"그게 저……."

억만금 씨의 호통에 상점의 지배인은 어쩔 줄 몰라했어요. 한참 동안 억만금 씨의 눈치를 살피던 지배인은 어렵게 입을 열었어요.

"저희가 그동안 새로운 장난감을 개발하지 않던 틈을 타서 다른 상점에서 말하는 인형을 만들었습니다. 그 인형이 지금 선풍적인 인기를 끌고 있어서 저희 인형을 찾는 사람이 거의 없을 지경입니다."

억만금 씨는 화가 많이 났어요. 자기보다 더 좋은 장난감을 만드는 사람이 있었다니. 억만금 씨는 당장 그 장난감을 사 왔어요.

한동안 장난감을 살펴보던 억만금 씨는 놀라움을 감추지 못했어요. 처음에는 '그래 봐야 얼마나 좋겠어? 우리 장난감이랑 비슷하겠지.' 하던 생각이 '이럴 수가! 이런 획기적인 장난감이 있다니.' 하는 감탄으로 바뀌었어요.

억만금 씨의 머릿속에 좋은 생각이 떠올랐어요. 빙긋이 미소를 지으며 억만금 씨는 지배인을 불렀어요.

"이 장난감을 만든 사람을 찾아서 우리 상점으로 데려와. 돈은 원하는 대로 준다고 하고. 그리고 우리 기술자들한테 한 달 내로

이 장난감과 똑같은 것을 만들라고 해. 물론 모양은 다르게 해야겠지. 그래야 기술을 훔쳤다는 비난을 안 듣거든."

얼마 후, 말하는 인형을 만든 기술자는 억만금 씨의 상점에서 일하게 되었어요. 그리고 한 달이 지나서 억만금 씨의 가게에서도 말하는 인형을 팔기 시작했어요. 인형의 가격은 다른 상점보다 절반밖에 되지 않았어요.

"사장님, 말하는 장난감이 불티나게 팔리고 있습니다. 그런데 인형을 만드는 가격이 판매 가격보다 높아서, 인형을 팔아도 손해를 보고 있는데요. 정말 이 가격에 계속 팔아도 될까요?"

지배인이 근심 어린 목소리로 물었어요.

"그러니까 자네는 큰 상인이 못 되는 거야. 지금 당장은 손해를 보지만, 좀 기다려 보게. 분명히 이익이 될 테니까."

억만금 씨의 말이 맞았어요. 억만금 씨의 상점에서 장난감을 반값에 팔자, 똑같은 장난감을 팔던 원래의 상점은 더 이상 견디지 못했어요. 어쩔 수 없이 손해를 감수하고 억만금 씨와 같은 가격에 팔다가 상점 문을 닫고 말았어요. 억만금 씨는 망한 주인을 만나 헐값에 상점을 사 버렸답니다.

결국 억만금 씨의 가게는 말하는 인형을 판매하는 유일한 상점이 되었어요. 경쟁 가게가 없어지자, 억만금 씨는 당장 인형의 가격을 원래보다 좀 더 올렸어요. 그래도 인형의 판매는 줄지 않았고, 그동안의 손해를 모두 메우고도 더 많은 이익을 냈어요.

다른 상인들은 억만금 씨의 행동을 비난했어요. 하지만, 억만금 씨는 코웃음만 쳤어요.

그후로도 억만금 씨는 돈이 되는 상품이 있으면 모조리 자신의 것으로 만들었어요. 자신의 상점이 늘어날수록 억만금 씨는 행복해졌답니다. 금고에 쌓여 가는 돈을 보면서 억만금 씨는 이제 도시를 넘어 세상에서 제일가는 부자가 되고 싶다는 꿈을 꾸게 되었어요.

그런데 무슨 이유에선지 억만금 씨의 금고

로 들어오는 돈이 점점 줄어들기 시작했어요. 경쟁 가게들이 생겼는지, 혹은 신제품을 파는 곳이 있는지를 살폈지만 이미 그 도시에는 억만금 씨의 가게밖에 없었어요. 억만금 씨는 지배인을 불렀어요.

"도대체 왜 매상이 줄어드는 건가?"

"그게 말입니다, 사장님. 실은……."

지배인의 말을 한참 듣고 있던 억만금 씨는 깜짝 놀랐어요.

"뭐라고? 도시 사람들이 물건 살 돈이 없다고?"

"네, 사장님. 사장님이 대부분의 상점을 다 망하게 하는 바람에 사람들이 돈을 벌 수 없게 되었습니다. 그래서 사람들이 돈을 최대한 아껴 쓰고 소비도 대폭 줄였습니다. 지금 이 도시에서 돈이 있는 사람은 사장님 혼자뿐이랍니다."

억만금 씨는 땅바닥에 털썩 주저앉고 말았어요. 이제 억만금 씨는 어디에서 돈을 벌 수 있을까요?

우리나라 기업의 10개 중 9.9개가 중소기업

우리는 생활에서 대기업에서 만들어 낸 제품을 많이 쓰고, 또 뉴스를 통해서도 대기업에 대한 이야기들을 많이 듣게 됩니다. 그래서 우리나라의 경제를 대기업이 책임지고 있다고 생각하기 쉽지요. 하지만, 그것은 잘못된 생각이에요.

실제로 우리는 작은 규모로 운영되는 중소기업에 크게 의존하고 있어요. 경제 전문가들은 "우리나라 중소기업은 998877이다."라는 말로 중소기업의 중요성에 대해 말하곤 합니다. 이 말의 뜻은, 우리나라의 중소 사업체는 전체 사업체의 99퍼센트를 차지하며, 전체 중소기업 종사자 수는 전체 고용의 88퍼센트, 중소 제조업체의 고용 비중은 77퍼센트를 차지한다는 거예요. 이러한 수치는 일본, 미국은 물론 '중소기업이 가장 발달된 나라'로 뽑히는 대만보다도 높은 수치랍니다.

한마디로 한국의 노동자들은 대부분 중소기업에서 일하고 있으며, 대기업에 취직한 사람은 일부에 불과하고, 대기업이 만드는 제품도 대개는 중소기업의 협력을 받아 만들어진다는 것이지요.

나라의 경제를 좌우하는 중소기업

우리 생활에서 편리하게 쓰이는 대부분의 물건들은 많은 부품들로 이루어져 있어요. 이 부품들을 모두 한 기업에서 만들 수는 없어요. 대기업은 중소기업에서 만든 부품들을 모아서 완성품을 만들어요. 중소기업은 대개 하나 또는 서너 개의 부품만 전문으로 만들기 때문에 그 부품에 대해서는 독보적인 기술을 가지는 경우가 많아요.

만일 중소기업들이 문을 닫으면 수많은 사람들은 일자리를 잃게 됩니다. 일부 사람들만 대기업에 취직하고, 대부분의 사람들은 실업자가 되지요. 그렇게 된다면 수입이 없어진 사람들은 제품을 사지 못하게 될 것이고, 결국 대기업도 어려워지는 최악의 상황이 일어날 수 있어요.

우리나라의 산업이 잘 돌아가려면, 대기업과 중소기업이 서로 도우면서 협력해야 해요. 대기업이 혼자만 돈을 많이 벌겠다는 욕심을 버린다면, 작은 규모의 상점이나 회사가 무너지는 일은 없겠지요.

9 다양한 생물 종을 보존해야 해요

단 하나 살아남은 감자밭

    1847년, 아일랜드에서 무서운 일이 벌어졌어요. 나라 안 곳곳에서 사람들이 굶주림에 쓰러지고, 집집마다 먹을 것을 찾는 어린아이들의 울음소리가 온 마을을 뒤덮었어요. 사람들은 하루에 한 끼를 먹는 것도 힘든 상황이었어요.
    "이웃집 잭슨 씨네 할머니가 돌아가셨다는구려. 이번 달에만 마을 사람이 열 명이 넘게 죽었으니……."
    한숨을 쉬며 남편이 말했어요. 남편을 바라보는 아내의 표정도 어둡기만 했어요.
    "그래도 아직 우리 집엔 먹을거리가 조금 남아 있잖아요. 이번 겨울만 넘기고 나면 다시 농사를 지을 수 있을 거예요."

"아냐, 내년에도 감자 농사 짓기는 힘들 거 같아. 올해처럼 갑자기 감자들이 다 말라죽지 않는다고 장담할 수 없으니까."

아내의 위로에도 불구하고 남편의 한숨은 그칠 줄 몰랐어요.

그해 겨울, 마을에서는 노인과 어린아이 들의 숫자가 많이 줄어들었어요. 그리고 아일랜드 전체에서 수십만 명의 사람들이 죽어 나갔다는 암울한 소식도 들려왔어요. 마을 사람들은 자신과 가족을 지켜 달라고 하느님에게 기도를 올릴 뿐이었어요.

이렇게 무서운 재앙이 발생한 원인은 미국에서 들여온 씨감자 때문이에요. 잎마름병에 걸린 씨감자들이 아일랜드 전체에 퍼졌고, 이 병 때문에 아일랜드 사람들의 주식인 감자들이 모두 말라 죽었어요. 사람들은 먹을 것이 없어서 풀뿌리와 나무껍질까지 먹으면서 주린 배를 채워야 했지요.

그러던 어느 날, 옆 마을의 어떤 밭에 있는 감자는 멀쩡하게 잘 자라고 있다는 소식이 들려왔어요. 마을 사람들은 그 소문을 믿을 수가 없었어요. 아일랜드 전역의 감자가 모두 말라 죽었는데, 어떻게 그 밭에 있는 감자만 멀쩡할 수 있을까요?

사람들이 그 밭으로 가 보았어요. 정말 밭에는 푸른 감자잎들이 건강하게 자라고 있었어요. 오랜만에 보는 싱싱한 잎이었어요.

"정말이잖아. 어떻게 이 감자는 병에 안 걸리고 잘 자랄 수 있지?"

"도대체 무슨 마법을 쓴 거야? 우리가 모르는 방법이라도 있는 건가?"

사람들은 그 감자밭의 주인에게 병을 막을 수 있는 방법을 알려 달라고 사정했어요.

"글쎄요. 저도 방법을 알려 드리고 싶어도 잘 몰라서요. 왜 제

밭에 있는 감자들만 병에 걸리지 않았는지 저도 궁금합니다."

감자밭 주인의 대답은 의외였어요. 사람들은 혹시나 했던 기대가 무너지자 더욱 실망하게 되었어요.

그후로도 간혹 잎마름병에 걸리지 않은 건강한 감자밭에 대한 소문은 들려왔지만, 누구도 그 원인을 알아내지는 못했어요.

다음 해에도 잎마름병이 없어질 조짐은 보이지 않았어요. 먹을

것이 없어서 산과 들에서 풀뿌리를 캐던 사람들은 굶주림에 쓰러졌고, 더 이상 희망을 찾지 못한 사람들은 미국으로 가는 배에 몸을 싣기도 했어요.

그러던 중, 살아남은 밭에서 나온 감자로 간신히 목숨을 이어가던 마을 사람들은 뭔가 이상한 점을 발견했어요. 그 감자의 모양과 맛이 약간 달랐던 거예요.

"이보게, 자네 밭에서 나는 감자 말일세. 혹시 다른 사람들이 모두 기르던 그 품종이 아니었나?"

마을 사람들이 묻자, 밭주인이 손사래를 치며 말했어요.

"아니에요. 제가 기르는 감자는 다른 밭에서 키우던 그 품종이 아닙니다. 아버지께서 물려주신 재래 품종입니다."

사람들은 깜짝 놀랐어요.

"아니, 왜 다른 사람들이 모두 키우는 품종을 재배하지 않았지? 무슨 특별한 이유라도 있나?"

밭주인은 머리를 긁적이면서 대수롭지 않은 듯 말했어요.

"아버지께서 항상 저에게 하신 말씀이 있었어요. 아일랜드의 전통 품종을 보존해야 한다고 말이지요. 전통 품종은 오랜 세월 동안 이 땅에서 살아남은 것이기 때문에 어떤 종보다 우수한 것이라고요. 저는 그 말을 믿고 예전의 품종을 그대로 키운

것뿐입니다."

마을 사람들은 그제야 전국의 감자밭에서 벌어진 재앙의 원인을 알 수 있었어요. 그들은 예전부터 내려오던 다양한 재래 품종 대신 알이 굵고 수확량이 많은 외국 품종 하나만을 밭에다 심었던 거예요. 이 감자가 잎마름병에 대한 저항력이 약한 품종이었기 때문에 모든 감자들이 한순간에 말라죽는 재앙이 발생했던 것이랍니다.

자연을 지키는 일은 인간의 의무

인간은 자연의 일부입니다. 자연환경이 없다면 우리는 살아갈 수 없답니다. 식물처럼 양분을 스스로 얻을 수 있는 것도 아니기 때문에, 우리는 다른 생물들을 먹어야 하고, 식물이 만들어 내는 산소로 숨 쉬며 살아가야 하지요. 그런데 언제부턴가 사람들은 동물과 식물을 함부로 대하고, 죽이고, 자연을 훼손하기 시작했어요. 자연이 파괴되면 물, 식량, 기후, 환경 등에 문제가 생긴다는 것을 뻔히 알면서도 말이에요.

우리가 생물들을 보호해야 하는 일차적 이유는 인간이 지구의 환경을 실질적으로 좌우하고 있으므로 다른 생물들에 대한 도덕적 책임을 가져야 하기 때문입니다. 하지만, 그보다 더 중요한 이유가 있어요. 바로 인간의 생존 때문이죠. 만일 생물 중 어느 한 종이 지구상에서 사라지게 된다면, 우리가 생각하지 못한 끔찍한 일이 벌어질 수도 있어요. 자칫 생태계의 균형이 무너져서 지구가 큰 위기에 처할 수도 있답니다.

우리 밀 살리기 운동을 하는 이유는 무엇일까요?

요즘 우리나라에서 나는 밀로 만든 빵이나 과자, 국수 등을 맛본 적이 있을 거예요. 밀은 밀가루를 만드는 중요한 원료예요. 우리나라에서도 아주 예전부터 밀을 재배해 왔답니다. 하지만, 외국에서 값싸게 밀을 수입하기 시작한 후부터 토종 밀은 거의 사라졌어요.

사실 비싼 우리 밀을 재배하는 것은 경제적으로도 전혀 이득이 안 되는 일일지도 몰라요. 그럼에도 우리 밀을 살려야 하는 이유는 바로 우리의 토종 품종이 우리 건강에 더 좋기 때문이지요. 토종 품종은 외래종보다 기후 변화나 병충해에 대한 저항력이 탁월하고, 지역 사람들의 몸에 더 적합한 영양소를 공급해 주기도 합니다.

또 하나, 토종 품종을 보존해야 하는 이유는 다양한 품종 속에서 더 많은 정보를 모으기 위해서예요. 그래야 수확량도 많고 영양도 풍부한 품종을 새로 만들어 낼 수 있답니다.

10 다양한 이론이 경쟁해야 발전할 수 있어요

늙은 과학자가 쓴 불온한 서적

1633년 6월 22일, 산타 마리아 소프라 미네르바 성당(오늘날 이탈리아 국회도서관의 일부)에 딸린 방에서는 인류의 과학사에서 중요한 사건이 벌어지고 있었어요. 그 방에는 한 늙은 과학자가 무릎을 꿇고 있었어요. 바로 갈릴레오 갈릴레이였지요.

"갈릴레이, 당신은 17년 전에 했던 서약을 어기고 불온한 서적을 유포시켰다. 분명 당신은 17년 전에 '지구가 태양 주위를 돈다.'라는 잘못된 생각을 더 이상 퍼뜨리지 않겠다고 약속했었지. 그런데 왜 다시 불온한 생각을 담은 책을 쓴 것인가?"

심문관은 갈릴레이를 다그쳤어요.

1633년 4월 12일 교황청에 소환당한 이후로 갈릴레이는 벌써

세 번에 걸친 혹독한 심문을 받아야 했어요. 그것은 지난해에 출판된 한 권의 책 때문이에요. 그 책에서 갈릴레이는 그 당시 대부분의 사람들이 옳다고 생각했던 '지구가 우주의 중심'이라는 사실이 거짓이고, 오히려 '지구가 태양의 주위를 돌고 있다.'라고 주장했어요.

그가 이러한 주장을 처음 한 것은 1610년이었어요. 그해 갈릴레이는 네덜란드에서 처음 발명된 망원경을 개량해서 30배율 천체 망원경을 만들었지요. 갈릴레이는 이 천체 망원경으로 밤하늘에 빛나는 별들을 더 정확하게 관찰할 수 있었답니다.

망원경이 발명되기 전에 사람들은 별들의 움직임과 모양을 상상으로 추측할 뿐이었지만, 천체 망원경을 통해 실제 눈으로 별들의 움직임과 생김새를 관찰할 수 있게 되었어요.

그후 별들의 움직임과 모양을 관찰하던 갈릴레이는 놀라움을 감추지 못했어요.

"목성은 자기를 중심으로 돌고 있는 네 개의 위성이 있군. 그렇다면 모든 별들이 지구를 중심으로 돌고 있지 않을지도 모르겠는걸."

갈릴레이는 자신이 개발한 천체 망원경을 통해 태양 흑점의 변화, 금성의 모양 변화, 달의 표면이 매끄럽지 않고 울퉁불퉁하다는 것 등 많은 새로운 사실들을 알아냈어요.

갈릴레이는 새로 발견한 사실들을 바탕으로 약 2000년 동안 사람들이 진리라고 믿어 왔던 사실이 거짓이라는 것을 확신하게 되었어요.

'내가 발견한 사실은 인류에게 아주 중요한 것이야. 이 사실을 발표하기 전에 먼저 교황청에 가서 승인을 받아야겠어.'

갈릴레이가 살던 시대에는 모든 중요한 사실은 교황청의 인정을 받아야 했어요. 그렇지 않으면 이단으로 몰려 죽음을 당할 수도 있었어요.

"지금까지 우리가 알고 있었던 사실과 반대되는 증거들이 발견되었습니다. 우리 주변의 별들은 지구를 중심으로 돌고 있는 것이 아니라, 태양을 중심으로 돌고 있습니다. 금성의 모양이 계절에 따라 변하는 이유는 금성이 태양 주위를 공전하고 있기 때문입니다. 우리가 살고 있는 지구도 마찬가지입니다."

갈릴레이는 새로운 학설을 주장했어요. 그러나 교황청의 대답은 그가 기대한 것과는 많이 달랐어요.

"갈릴레이의 견해는 철학적으로 어리석고, 신학적으로 이단적이다. 따라서, 이러한 견해를 철회하지 않는다면 이단을 믿는 교인으로 간주되어 죄를 받을 것이다."

교황청의 최고 기관인 추기경위원회는 이렇게 결론을 내렸어요.

갈릴레이는 이단으로 몰려 죽음을 당하지 않기 위해 자신의 신념을 꺾을 수밖에 없었어요.

그러나 몇 년 후 갈릴레이는 자신의 주장을 담은 책을 출판했고, 결국 교황청의 분노를 사고 말았어요.

"갈릴레이는 1616년 교황청과 한 약속을 어겼기 때문에 다음과 같은 형벌을 내린다. 갈릴레이는 죽을 때까지 집 밖으로 나오는 것을 금지한다. 또한, 죽은 후에도 장례식을 하거나 묘비를 세우는 것을 금지한다."

　　이러한 형벌은 60살이 넘은 갈릴레이에게는 너무 가혹한 것이었어요. 특히, 죽은 후에 장례식과 묘비를 금지하는 것은 '너는 이단이므로 하느님의 나라가 아닌 지옥의 불구덩이에 떨어질 것이다.'라는 선고였어요.

　　늙은 갈릴레이는 자신이 더 이상 이러한 고통을 이겨내지 못할 것이라는 점을 알고 있었어요.

　　"나는 태양이 세상의 중심이라는 잘못된 생각을 가지고 있었습니다. 그리고 이러한 생각을 옹호하는 책을 출판했습니다. 이

에 나는 과거의 잘못된 생각과 행동을 반성하고 저주합니다. 앞으로도 이단의 의혹을 받을 수 있는 그 어떤 것도 절대로 말이나 글로 주장하지 않을 것을 맹세합니다."

갈릴레이는 무서운 종교 재판관들 앞에서 이렇게 말하고는 쓸쓸히 물러났어요. 그의 책은 모조리 압수되었어요.

'슬프다. 앞선 모든 시대의 학자들이 보편적으로 받아들였던 지식은 잘못된 것이었다. 우주에 대한 잘못된 지식을 내가 관찰과 논리적 증명을 통해 바로잡았는데, 더 이상 이 진실을 말할 수가 없구나.'

하지만, 갈릴레이는 1642년에 세상을 떠날 때까지 자신의 주장을 굽히지 않았으며, 그 주장을 글로 남기기 위해 온 힘을 기울였답니다.

과학은 끊임없이 진보하고 있어요

현대 사회에서 기술이 발전하는 속도는 엄청나게 빠릅니다. 신기술을 적용한 제품도 일 년이 지나면 또다른 기술에 밀려나는 것이 흔한 일이 되어 버렸지요. 그만큼 과학 기술은 급속히 발전하고 있어요. 그 이유는 서로 다른 과학 이론이나 기술을 가진 사람들이 서로 경쟁을 하고, 그 경쟁 속에서 더 우수한 이론이나 기술이 선택되기 때문입니다.

이런 경쟁 체제에서는 먼저 다른 사람의 과학 이론이나 기술을 인정하고 수용하는 태도가 필요합니다. 만일 자신과 다른 과학 이론과 기술을 인정하지 않고 자신의 것만이 옳다고 고집을 부린다면 절대로 과학은 발전하지 못하게 됩니다.

갈릴레이의 이야기가 그 좋은 예입니다. 기존의 과학 이론과는 전혀 다른 이론을 주장한 갈릴레이의 새 이론을 다른 사람들은 무조건 틀렸다고 단정했어요. 이로 인해 우주에 대한 인류의 가장 위대한 발견이 빛을 보지 못하고 한동안 묻혀 있어야 했지요. 그만큼 과학의 발전이 늦어졌다는 뜻이 되기도 합니다.

내 이론만 옳다고 고집하면 안 돼요

사회에서 받아들여진 과학 이론이나 기술이라도 시간이 흐르면서 수정되거나 파기되는 경우도 있어요. 이것은 과학자의 잘못이 아니라 정보나 각종 과학 분야의 발전으로 새로운 사실들이 드러나기 때문이에요.

과학 이론에서 100퍼센트 옳은 것은 없습니다. 200년간 불변의 진리라고 믿어 왔던 뉴턴의 물리학 법칙도 결국 아인슈타인에 의해 문제가 있는 것으로 밝혀졌어요. 그리고 아인슈타인의 이론도 스티븐 호킹 박사에 의해 문제점이 드러났지요. 이런 식으로 과학 이론과 기술은 앞선 것들을 다듬고 바꾸면서 발전해 가는 거예요. 지금 최고의 과학 기술을 가졌다 해도 앞으로 20년, 50년, 100년 후에는 이 기술이 수정되고 새로운 기술이 등장하겠지요. 과학자들은 다른 과학자들의 연구를 비판하면서 자기 이론의 문제점을 발견하며 더 나은 이론들을 만들어 가고 있어요.

11 다양한 생각을 이끌어 내는
교육이 필요해요

법정에 선 심청

"자, 지금부터 4학년 2반 열린 법정에서 '막심 불효 죄'로 고소 당한 심청의 모의재판이 시작됩니다. 방청객들은 모두 자리에 앉아 주세요!"

판사 역을 맡은 요한이가 점잖을 빼며 말했어요. 요한이는 큰 글씨로 '정의봉'이라고 쓰여 있는 나무망치를 탕탕 두드렸어요. 평소 개구쟁이 짓만 하던 요한이의 첫마디에 아이들은 웃음보를 터뜨렸어요.

오늘 국어 시간에는 몇몇 아이들이 한 달간 준비한 '효녀 심청 모의재판'이 열렸어요.

각자 맡은 역할의 이름을 큼지막하게 쓴 띠를 머리에 두르고,

옷도 그럴싸하게 만들어 입었어요. 특히 판사 역을 맡은 요한이는 '공정한 판사'라는 이름표를 달았으나, 악당 같은 분위기가 풍겨 아이들은 배꼽이 빠지게 웃었어요.

요한이는 나무망치를 여러 번 두드리며 아이들에게 웃음을 그치라고 명령했어요.

피고석에 앉은 심청은 덩치가 커다란 인구가 맡았는데, 아이들은 인구를 보더니 또 킬킬거렸어요.

처음에는 반 아이들 모두 코미디를 보는 것같이 재미있어했지만, 막상 재판이 무르익으니 아이들은 저도 모르게 재판에 열중하게 되었어요.

"우리는 그동안 심청이를 효녀의 대표적인 인물로 칭찬해 왔습니다. 그러나 심청이는 효녀는커녕 오히려 막심한 불효녀라는 증거가 곳곳에서 발견되므로 이에 대한 죄를 엄중히 물어야 한다고 생각합니다. 우리가 심청이에게 속아 왔던 시간들을 생각하면 사기죄를 물어야 하지만, 이번 재판에서는 '막심 불효 죄'만을 묻기로 했습니다."

'나서요 검사' 역할을 맡은 주현이가 힘을 주어 말했어요. 그러자 판사가 물었어요.

"심청은 눈 먼 아버지를 잘 봉양하고, 아버지의 눈을 뜨게 하려고 공양미 삼백 석에 몸을 파는 등 효심이 지극한 효녀로 알려져 왔습니다. 그런데 당치 않게 심청이를 불효녀라고 하니, 검사께서는 그에 대한 확실한 증거를 갖고 있습니까?"

"예부터 자식은 부모에게서 물려받은 신체를 소중히 해야 하고, 털끝 하나라도 다치게 하는 건 불효라고 했습니다. 그런데 자신의 몸을 팔아넘기다니요? 자기 때문에 자식이 죽었다는 걸 알게 된 아버지의 심정은 얼마나 아프겠습니까? 심청은 부모의 가슴에 못을 박는 행위를 했으므로 그 누구보다도 막심한 불효를 저지른 자식입니다."

그럴 듯한 검사의 말에 아이들은 고개를 끄덕였어요.

그러자 '마가요 변호사' 역할을 맡은 사라

가 나섰어요.

"말도 안 됩니다, 재판장님. 심청은 어릴 때부터 눈먼 아버지를 봉양하기 위해 궂은일도 마다하지 않았습니다. 동네 어른이 좋은 자리에 시집보내 주겠다는 제안을 했을 때도 아버지 봉양을 위해 뿌리쳤습니다. 나중에는 눈을 뜨고 싶다는 아버지의 소원을 위해 제 몸을 희생했습니다. 그런 점에서 볼 때 심청은 지극 정성으로 아버지를 모신 효녀이며, 효행상을 타도 모자랍니다. '막심 불효 죄'라는 황당한 죄목으로 이 자리에 불려 나온 것은 말도 안 됩니다."

사라의 거침없는 변론에 박수가 쏟아졌어요.

검사가 다시 나섰어요.

"중국에서도 최고의 효자로 이름이 자자한 순 임금은 아버지가 잘못된 길을 걸을 때, 그 말씀을 듣지 않고 오히려 거역함으로써 진정한 효를 실천했습니다. 아버지가 한순간 잘못된 판단을 하더라도 그것을 고쳐 주는 것이 진정한 효도라고 생각합니다. 만약 여러분은 부모가 나쁜 짓을 같이

하자고 하면, 그것이 잘못된 길이라도 자식 된 도리라고 함께 범죄를 저지를 것입니까? 심청의 경우도 마찬가지입니다. 심청은 아버지가 눈을 뜨고 싶다는 허황된 소원을 말했을 때, 아버지를 바른 길로 인도하는 것이 자식 된 도리임에도 불구하고, 오히려 자기 몸을 바쳐 아버지의 마음을 아프게 하질 않았습니까! 게다가 자신이 죽고 나면 아버지를 제대로 봉양할 사람이 없다는 걸 뻔히 알면서도 스스로 바다에 뛰어든 건 진정한 효의 모습이라고 보기 어렵습니다. 아버지의 마음을 아프게 한 죄, 아버지의 잘못을 바른 길로 인도하지 않은 죄, 그리고 가장 큰 죄는 잘못된 효도를 행한 죄입니다."

검사인 주현이가 열변을 토했어요.

아이들은 서로 얼굴을 마주보며 '오, 주현이 대단한걸?' 하는 표정을 지었어요. 주현이 얘기를 들어 보니 심청이를 다른 시각으로 볼 수도 있겠다는 생각이 들었어요.

검사의 말이 끝나기가 무섭게 변호사가 벌떡 일어서며 말했어요.

"검사의 말은 궤변일 뿐입니다. 눈 먼 아버지가 '공양미 삼백 석'을 내면 눈을 뜰 수 있다고, 그렇게라도 눈을 뜨고 싶다고 얘기하는데, 어찌 딸 된 도리로 그 같은 아버지의 소원을 뿌리칠 수 있겠습니까? 부모가 아프면 제 살을 베어 내어 부모에게 먹이고, 부모가 굶주리면 자기 머리카락을 잘라 팔아서라도 먹을 것을 구하는 것이 부모를 지극 정성으로 위하는 효도가 아니겠습니까?"

변호사와 검사의 의견이 팽팽하게 맞섰어요.

아이들은 과연 판사가 어떤 판결을 내릴지 궁금해서 조바심이 날 지경이었어요. '효녀 심청 대 막심 불효녀 심청' 사건의 재판은 한 치의 양보도 없이 계속 이어져 갔답니다.

※막심 불효 죄 : 실제로 이런 죄목은 없어요. 모의재판에서 심청을 법정에 세우기 위해 만들어 낸 죄목일 뿐이에요.

여러 시각에서 바라보는 열린 교육이 필요해요

효녀 심청이 도리어 '막심 불효 죄'로 법정에 선 모의재판 이야기를 보니 어느 정도는 옳다는 생각이 드나요? 심청이 과연 불효 죄를 선고받을지, 아니면 그대로 효녀로 남을지 결말이 정말 궁금해요. 만약 여러분이라면 어느 쪽의 손을 들어 주고 싶나요? 이처럼 똑같은 인물을 놓고도 보는 눈에 따라 다른 결론을 내릴 수도 있어요. 이것을 '다양한 관점' 혹은 '다양한 시각'이라고 한답니다.

남을 해치거나 우리 사회에 해를 주는 것이 아니라면, 사람들의 다양한 생각을 '그렇게 생각할 수도 있겠다.'라고 인정하는 태도가 필요해요. 이러한 자세는 어릴 때부터 다양한 생각과 의견을 듣고 말할 수 있는 열린 교육을 통해 충분히 기를 수 있어요. 다른 사람이 지닌 개성과 다양한 의견을 받아들이면, 내 생각과 행동도 자유로워져서 창의성이 발휘될 수 있어요. 다양한 의견 속에서 가장 좋은 의견을 골라 새로운 것을 만들어 낼 수 있으니, 모두에게 좋은 일이 아닐 수 없지요.

우리나라 교육에도 변화의 바람이 불고 있어요

과거 우리나라의 교육은 한 가지 정답만을 강요하고, 외우기 위주의 교육을 한다는 비판을 받아 왔어요. 진리를 발견하는 기쁨을 얻는 공부가 아니라 좋은 점수를 얻어서 좋은 학교에 들어가는 공부를 목표로 했지요.

하지만, 이제는 우리의 교육 방법도 많이 달라지고 있어요. 선생님들은 수업을 좀 더 재미있게 하기 위해 그림이나 비디오 자료를 적극적으로 활용해요. 또 교과서도 탐구력이나 상상력, 토론, 창의성, 인성 등을 강화할 수 있도록 꾸며지고 있어요. 그런가 하면 일반 학교에 적응하지 못하는 아이들이나 뭔가 다른 공부를 하고 싶은 아이들이 갈 수 있는 대안 학교도 늘었어요.

'즐겁고 행복한 학교' 그리고 '열린 교육'을 만들려면 학부모, 교사, 학생의 노력이 필요해요. 다양한 시각과 창의성을 갖는 교육이 지속된다면, 세상을 보는 눈도 틀림없이 긍정적이고 발전적으로 변하게 될 거예요.

12 정상과 비정상을 가리는 잣대는 공정해야 해요

누가 수상한 사람인가?

영화 역사상 가장 위대한 희극 배우를 뽑으라면 사람들은 거의 찰리 채플린이라고 대답합니다. 그런데 이런 채플린조차 '생존하는 가장 위대한 배우'로 존경하던 사람이 있었답니다. 그의 이름은 피터 로어예요.

헝가리 태생의 코미디 배우였던 피터 로어는 멋진 연기로 1930~1940년대 미국의 할리우드에서 가장 많은 사랑을 받는 배우 중 한 사람이었어요.

피터 로어는 영화 속에서뿐만 아니라, 일상생활에서도 수많은 일화를 남겼어요. 그중 가장 유명한 이야기는 미국 사회가 한창 암울한 시기에 빠져 있을 때 벌어진 한 미국 연방 수사국(FBI) 요원과의 대화였어요.

지금은 상상할 수 없지만, 피터 로어가 살던 1950년대의 미국은 민주주의의 혼란기였어요. 제2차 세계대전을 끝낸 후, 미국은 공산주의 국가인 구소련과 대립하고 있었고, 공산주의에 대해 엄청난 적개심을 가지고 있었지요.

1950년 2월, 미국 위스콘신 주 공화당 상원의원인 조셉 매카시가 국회에서 폭탄 발언을 했어요.

"정부 안에 205명의 공산주의자들이 있으며, 그 명단을 가지고 있다."

그의 말은 미국 사회에 엄청난 충격을 주었어요. 이로 인해 미국은 공포와 광기의 시대로 들어서게 되었답니다. 사람들은 항상 인사를 나누던 마을 주민들 중에도 소련의 간첩이 있을 거라는 생각을 하게 되었어요.

이러한 생각은 '공산주의자로 낙인찍힌 사람들을 공직과 기업에서 추방시키는 운동'으로 이어졌고, 수많은 사람들이 다른 생각을 가졌다는 이유로 폭행당하고 일자리에서 쫓겨났어요. 수많은 지식인이나 정치가 들도 공산주의자로 몰릴까 봐 몹시 두려워했어요.

이 시기에 미국에서 가장 인기 있는 배우였던 찰리 채플린조차

이 광풍을 피해 갈 수 없었어요. 그 이유는 채플린이 미국 정부와 다른 생각을 가졌기 때문이에요.

채플린은 영화를 통해 가난한 사람들과 노동자들에 대한 연민과 애정을 보였는데, 이러한 그의 생각을 미국 정부는 탐탁지 않게 보았어요.

당시 미국 연방 수사국 국장이었던 후버는 채플린이 만든 영화가 자본주의를 비판한다고 하여 채플린을 공산주의자로 낙인찍고, 그를 미국에서 쫓아내 버렸어요.

채플린뿐만 아니라 수많은 예술가나 학자, 정치가 들이 단지 미국 정부와 다른 생각을 가졌다는 이유로 탄압을 받고, 강제로 추방당했어요.

이런 시기에 피터 로어의 집에도 미국 연방 수사국 요원이 찾아왔어요. 검은 양복을 입은 그 요원은 위압적인 태도로 피터를 쳐다보면서 말했어요.

"당신이 알고 있는 사람들 중에 사상적으로 수상한 사람들의 명단을 나에게 알려 주시오. 혹시라도 거짓말할 생각은 하지 마시오."

"지금 나를 협박하는 건가요?"

피터는 요원을 똑바로 쳐다보며 물었어요. 그 요원은 인상을 찡그리면서 대답했어요.

"협박이 아니라 점잖게 요구하는 거요. 혹시라도 거짓말하면 어떻게 될지는 알아서 생각해 보시오."

피터는 한참을 곰곰이 생각하더니 입을 열었어요.

"그러고 보니 사상적으로 수상한 사람이 있군요. 어제 내가 만난 은행 직원이 수상합니다. 그리고 어제 내가 점심을 먹은 식당의 종업원도 수상하군요. 그리고 어제 저녁때 만난 카페의 주인도 이상하고……."

피터가 부르는 대로 명단을 받아 적던 요원은 어이가 없어 피터를 노려봤어요.

"당신 지금 나랑 장난하자는 거요? 혹시 당신이 만난 모든 사람을 나에게 말하려는 건 아니겠죠?"

요원은 화를 냈어요. 피터는 당연하다는 듯이 대답했어요.

"당연히 내가 만난 모든 사람을 말해야죠. 내가 아는 모든 사람은 사상적으로 수상한 사람인걸요."

"뭐라고요? 당신도 다른 공산주의자들처럼 따끔한 맛을 봐야 정신을 차리겠소?"

화를 내며 수첩을 닫은 요원은 당장에라도 피터에게 수갑을 채울 기세였어요. 그런 요원의 모습을 보면서 피터는 침착하게 대답했어요.

"도대체 수상하다고 하는 그 모습이나 행동이 어떤 건지 말해 보시오. 그리고 당신이 말하는 수상하지 않은 사람을 내 앞에 데려와 보시오. 만일 그런 사람이 있다면 내 손으로 직접 수갑을 차고 경찰서로 가리다."

그 요원은 피터의 말에 더 이상 대답을 하지 못하고 한동안 멍하니 서 있었어요. 그러더니 피터를 노려보고는 아무 말도 없이 가 버리고 말았어요.

몇 년 뒤, 온 나라를 휩쓸었던 '매카시 광풍'은 사실은 별다른 근거나 증거가 없는 일로 밝혀졌어요. 매카시는 공산주의자들에 대한 자신의 주장을 뒷받침할 만한 증거를 제시하지 못했어요. 이 광풍은 '마녀 사냥'과도 같이 애꿎은 사람들에게 피해만 입힌 채 사라졌어요.

하지만, 이 일로 많은 사람들이 씻을 수 없는 상처를 받았어요. 일자리를 잃거나 불명예를 얻은 것은 물론, 서로 의심하며 감시하는 분위기 때문에 미국 사회는 온통 어수선했답니다.

정상과 비정상은 구분 지을 수 없어요

　우리는 사회의 일반적인 사람들과 생각이 다르거나 조금이라도 눈에 거슬리는 행동을 하는 사람에게는 '이상한 사람'이라는 굴레를 씌워 색안경을 끼고 들여다봅니다. 그리고 심한 경우에는 정상이 아닌 비정상인 사람으로 취급하기도 하지요. 그렇다면 도대체 '정상'의 범위는 어디까지일까요?

　학생을 예로 들어 보겠습니다. 사회에서 생각하는 정상적인 학생의 모습은 우선 공부를 잘해야겠지요. 노래나 그림, 운동도 잘해야 합니다. 부모님의 말씀을 잘 듣고, 형제자매나 친구들과는 싸우지 않아야 합니다. 또 불쌍하고 약한 사람을 도와주는 착한 마음씨도 지녀야 합니다.

　과연 이런 친구가 얼마나 될까요? 이런 학생만이 정상이고, 싸움 잘하고 공부 못하는 학생은 비정상일까요? 피터가 미국 연방 수사국 요원에게 한 대답도 비슷한 뜻일 겁니다. '당신들이 말하는 수상하지 않은 사람, 즉 건전한 생각을 가진 그런 사람은 존재할 수 없다.'는 의미겠지요.

우리는 왜 정상과 비정상을 나누면서 살아갈까요?

우리는 왜 다르다는 것을 인정하지 못할까요? '이러한 것이 정상이다.'라는 기준이 무너지면 사회에 큰 문제가 생기는 걸까요? 하지만, 모든 사람들이 비슷한 기준에 자신을 맞추면서 살아가게 된다면, 그 사회는 계속 같은 모습으로 남아 있게 되어 발전이 더디게 이루어질지도 모릅니다.

우리 사회에서 실제로 '비정상'이라고 여길 만한 사람은 극히 일부에 지나지 않습니다. 비정상이라고 잘못 불리는 많은 사람들은 단지 남보다 조금 특이한 것뿐이에요. 겉모습이나 생각, 행동 등이 다르다고 해서 우리 사회에서 손가락질받을 이유는 없답니다.

평범하지 않은 그들의 생각은 다른 사람들과 조화를 이루면서 더 나은 세상을 만드는 데 도움이 될 거예요. 그리고 여러분이 개방적인 생각과 태도를 지닐 때, 여러분도 세상의 다양한 생각을 포용하면서 끊임없이 자신을 발전시키는 훌륭한 사람이 될 수 있을 것입니다.